Das eBay-Universum

Marion von Kuczkowski

IMPRESSUM

Herausgeberin:
Marion von Kuczkowski
Speerweg, 39
13465 Berlin, Deutschland
mvk@tmta.de
www.take-me-to-auction.de

Layout: mybookMakeUp.com | www.mybookMakeUp.com
Covergestaltung: © Fotomek | www.fotomek.de
Korrektorat: Claudia Heinen | www.sks-heinen.de

ISBN-13: 978-1517567248
ISBN-10: 1517567246

1. Auflage 2015
© 2015 Marion von Kuczkowski

Printed in Germany
By Amazon Distribution GmbH, Leipzig

Inhaltsverzeichnis

Vorwort

Wer hätte vor 20 Jahren auch nur im Traum daran geglaubt, dass sich aus der Geschichte eines kaputten Laserpointers, der für 14,38 Dollar den Besitzer gewechselt hatte, ein weltumspannendes Imperium entwickeln würde, das Abermillionen Menschen auf der ganzen Welt ihren Lebensunterhalt sichert?

Ich wollte eintauchen in die eBay-Welt, die so bunt ist wie das eBay-Logo, und habe auf meiner Entdeckungsreise durch das eBay-Universum Interviewpartner getroffen, die uns die Türen zu den Anfangstagen von eBay öffnen und uns einen Einblick in die skurrile Welt des deutschen eBay-Ablegers öffnen, in denen die Samwer-Brüder inmitten von Star-Wars-Figuren und Pizzakartons den Grundstein zu ihrem heutigen Imperium gelegt haben.

Ich habe Händler interviewt, die eine klassische eBay-Karriere vom eBay-„Wohnzimmer-Verkäufer" zum Unternehmen mit Millionenumsätzen hingelegt haben. Ich habe mit Menschen gesprochen, die die eBay-DNA in sich tragen und eBay als Sprungbrett für eine atemberaubende Karriere genutzt haben. Gespannt habe ich der Geschichte eines deutschen eBay-Verkäufers gelauscht, der die Seiten gewechselt hat und heute in Hongkong lebt. Beeindruckt war ich von der Punktladung eines eBay-Millionärs, der sich mit 45 Jahren zur Ruhe setzen wollte und dieses Ziel von Anfang an konsequent verfolgt und erreicht hat. Begeistert hat mich das Interview mit einem eBay-Überflieger, der nach einem holprigen Start aufgestiegen ist wie ein Meteorit. In der Gegenwart angekommen habe ich einen Interviewpartner getroffen, dem die perfekte Vernetzung von Online- und Offlinehandel gelungen ist und ich habe mit Menschen gesprochen, die daran arbeiten, die rechtlichen Weichen für den Handel der Zukunft zu stellen.

Lassen Sie sich in die bunte eBay-Welt entführen und lernen Sie Unternehmer kennen, die die Klaviatur des Erfolgs beherrschen. Lachen Sie über eBay-Geschichten, die sie noch nie gehört haben, und staunen Sie über Erfolgsgeschichten, die in eBay ihren Ursprung genommen haben. Tauchen Sie ein in das eBay-Universum, das so viele Facetten hat und Menschen auf der ganzen Welt miteinander verbindet.

20 Jahre eBay: 1995-2015

In den letzten 20 Jahren hat eBay sich zu einer gigantischen Geldmaschine entwickelt. Unzählige Menschen auf der ganzen Welt verdienen ihren Lebensunterhalt mit eBay, einige von ihnen sind mit eBay reich geworden.

Die ersten, die es durch eBay in nur drei Jahren zu Milliardären geschafft haben, sind Pierre Omidyar, der Gründer von eBay, und sein erster Vollzeit-Mitarbeiter und eBay-Vizepräsident Jeffrey Skoll. Pierre Omidyar wurde 1967 in Paris geboren und wuchs in Washington auf. Er studierte Informatik und arbeitete u. a. als Entwickler für Claris, einem Tochterunternehmen von Apple. Lange glaubte man der Legende, dass Pierre Omidyar eBay 1995 an einem Wochenende programmiert hat, um seiner Ehefrau, die eine leidenschaftliche Sammlerin von PEZ-Spendern war, eine Plattform zu schaffen, auf der sie sich mit anderen Sammlern austauschen konnte. Später hat sich die Legende als PR-Gag entpuppt, aber weil sie so schön war, unterstützt eBay die schöne PEZ-Legende und so findet man z. B. im Foyer bei eBay in Kleinmachnow eine Vitrine mit PEZ-Figuren und einen PEZ-Automaten. Möglicherweise hat die Sammelleidenschaft seiner Frau tatsächlich den Grundstein für eBay gelegt. Fakt ist, dass der erste Artikel, der im September 1995 bei eBay verkauft worden ist, kein PEZ-Spender, sondern ein kaputter Laserpointer für 14,38 US-Dollar war.

Pierre Omidyar hatte nicht damit gerechnet, so viel Geld für einen kaputten Laserpointer zu bekommen, und fragte vorsichtshalber bei dem Käufer nach, ob ihm bewusst sei, dass der Laserpointer nicht funktionsfähig ist. Der Käufer outete sich als Sammler von kaputten Laserpointern und Pierre Omidyar wurde klar, dass sich mit einer Auktionsplattform für Sammlerartikel im Internet viel Geld verdienen lassen müsste.

Während er hauptberuflich noch in der Entwicklungsabteilung für General Magic, einem Unternehmen, das sich mit der Entwicklung von tragbaren Dateneingabegeräten befasste, tätig war, trieb er in seiner Freizeit sein neues Projekt, das er AuctionWeb genannt hatte, voran.

Noch heute findet man bei Google einen persönlichen Aufruf[*1] von eBay-Gründer Pierre Omidyar vom 12.09.1995, in dem er für seine gerade gestartete Auktionsplattform wirbt.

So ist dokumentiert, dass es bei AuctionWeb wenige Tage nach dem Start die ersten Angebote in sieben Kategorien gegeben hat:

• Antiquitäten/Sammlerartikel
• Autos
• Bücher & Comics
• Computer-Hardware
• Computer-Software
• Unterhaltungselektronik
• Sonstiges

Das Erstaunliche daran: Obwohl eBay sich in den vergangenen Jahren immer wieder neu erfunden hat, könnte man die Angebote, die in den ersten Tagen bei eBay eingestellt waren – u. a. ein signiertes Foto von Elisabeth Taylor, ein signiertes Poster von Michael Jackson, eine Vase aus Tschechien oder einen Silver Dawn Rolls Royce aus dem Jahr 1952 –, auch heute noch bei eBay anbieten und würde dafür Käufer finden.

Am Anfang war die Nutzung von AuctionWeb kostenlos.

Mit Einführung des Bewertungssystems stiegen die Nutzerzahlen und die Zahl der erfolgreich abgeschlossenen Auktionen und so führte Pierre Omidyar 1996 die ersten eBay-Gebühren, in Form von Verkaufsprovisionen ein, um die Kosten für seinen Internetprovider zu decken. Damit wurden die Weichen gestellt, die aus AuctionWeb ein profitables Unternehmen gemacht haben.

Im Juni 1996 stellte Pierre Omidyar mit Chris Agarpao seinen ersten Mitarbeiter ein. Damals haben die beiden die AuctionWeb-Geschäfte aus dem Reihenhaus von Pierre Omidyar gelenkt. Kennengelernt hatten die beiden sich bei der Hochzeit von Agarpaos Schwester, deren Trauzeuge Pierre Omidyar war. Chris Agarpao ist heute noch bei eBay beschäftigt (Stand September 2015). Im Juli 1996 stellte Pierre Omidyar mit Jeffrey Skoll, einem Stanford-Absolventen mit MBA-Abschluss, seinen ersten Vollzeitmitarbeiter ein, der bis heute noch mitverantwortlich für den Erfolg von eBay gemacht wird. eBay hatte zu diesem Zeitpunkt bereits 40.000 registrierte Nutzer, die Waren im Wert von 7,2 Millionen US-Dollar gehandelt haben.

Im Oktober 1996 haben Pierre Omidyar und Jeffrey Skoll ihr erstes Büro in San Jose, Kalifornien bezogen.

Im Mai 1997 wurde eBay mit Beanie Babys überschwemmt. 6 % des Gesamtumsatzes wurden zu dieser Zeit mit Beanie Babys generiert.

1997 liefen dann bereits mehr als 200.000 Auktionen bei eBay und AuctionWeb wurde in eBay umbenannt. Vielleicht war es Glück im Unglück, dass der Name, den Pierre Omidyar eigentlich im Kopf hatte, nicht mehr frei war. AuctionWeb sollte ursprünglich in Echo Bay umgetauft werden, da die EchoBay.com Domain jedoch bereits belegt war, wurde aus Echo Bay das heutige eBay. Man kann heute nur darüber spekulieren, ob eBay als Echo Bay genauso erfolgreich geworden wäre.

1997 wurde mit einer Big-Bird-Figur aus der Sesamstraße der 1.000.000 Artikel bei eBay versteigert und in diesem Jahr sicherte eBay sich von Benchmark Capital eine Finanzspritze in Höhe von 6,7 Millionen US-Dollar. Zu diesem Zeitpunkt konnte noch niemand ahnen, dass sich dieses Investment als eines der besten Investments in der Geschichte des Silicon Valley entwickeln sollte, denn nur zwei Jahre später hatten diese 6,7-Millionen-Dollar-Anteile einen Wert von fünf Milliarden US-Dollar. Dank dieser Risikokapital-Finanzierung konnte eBay weiter rasant wachsen und so stieg die Zahl der Mitglieder zwei Jahre nach der Gründung auf stolze 1,2 Millionen Mitglieder an.

1998 räumte Jeffrey Skoll seinen Platz als eBay-Präsident und widmete sich sozialen Projekten. Ersetzt wurde er durch die ehrgeizige Meg Whitman. Ihre Vita zeigt eindrucksvoll, wie konsequent Meg Whitman ihre Karriereziele verfolgt hat. Ausgestattet mit einem MBA der Harvard Universität und Zwischenstationen in leitenden Positionen bei Procter & Gamble, Walt Disney und Hasbro nimmt sie die Herausforderung an und wird 1998 CEO von eBay, einem Unternehmen mit nur 30 Mitarbeitern. Sie muss damals schon eine Ahnung gehabt haben, wie eBay sich in den kommenden Jahren entwickeln würde und sicher hat sie einen großen Teil dazu beigetragen. Nach nur sechs Monaten im Amt führte sie eBay an die Börse und machte Pierre Omidyar und Jeffrey Skoll damit auf einen Schlag zu Milliardären. Die eBay-Aktie wurde 24. September 1998 mit einem Ausgabepreis von achtzehn US-Dollar erstmalig an der NASDAQ gehandelt. Auch sie hat als Anteilseignerin natürlich von den rasant steigenden Aktienkursen profitiert und gilt als erste Frau, die durch das Internet zur Milliardärin wurde. Meg Whitman blieb zehn Jahre bei eBay und wurde 2008 von John Donahoe abgelöst. Zur Ruhe setzt sich eine Frau wie Meg Whitman natürlich auch dann nicht, wenn sie eigentlich alles erreicht hat. 2010 kandidierte Meg Whitman für das Gouverneursamt in Kalifornien. Seit 2011 ist sie CEO und Präsidentin von Hewlett-Packard. 2014 wurde sie vom Time Magazine zu einer der 100 einflussreichsten Führungspersönlichkeiten der Welt gewählt. Meg Whitman war vermutlich die Erste, die eBay ganz bewusst als ihr Sprungbrett ausgewählt hat und damit erfolgreich war, und sie sollte nicht die Letzte bleiben.

1999 hatte eBay den ersten großen Crash zu verdauen. Am 10. Juni 1999 brach die eBay-Seite zusammen und Meg Whitman hat mitten in der Nacht 50 Leute von eBay und SunMicrosystems aus dem Bett geklingelt, um eBay wieder zum Laufen zu bringen. Der erste große Ausfall dauerte 20 Stunden, dann war eBay wieder zurück.

1999 gründeten sechs deutsche Jungunternehmer, darunter die drei berühmt-berüchtigten Samwer-Brüder, das deutsche Pendant zu eBay und tauften es Alando. Die Samwer-Brüder sind als die „Klon-Könige" bekannt geworden. Sie kopieren erfolgreiche Unternehmen, bauen sie auf und verkaufen sie dann. Nicht immer ernten sie für dieses Vorgehen Beifall und oft stehen sie im Kreuzfeuer der Kritik. Allerdings hat es bisher kein Kritiker auch nur in die entfernte Nähe ihres Erfolgs geschafft. Man kann also sicher davon ausgehen, dass Klonen nicht so einfach ist, wie es den Anschein macht. Alando/eBay war der erste große Wurf der Samwer-Brüder. Mit Alando legten sie den Grundstein ihres heutigen Imperiums.

Die sechs Gründer hatten Freunde und Bekannte darum gebeten, ihre Artikel bei eBay einzustellen, und so startete Alando mit 5500 Angeboten. Torsten Hornung hat damals mit seinen Briefmarken dazu beigetragen, die neue Plattform zu füllen und in seinem Interview erinnert er sich an die Hürden, die das Alando-Team am Anfang zu überwinden hatte.

Das Highlight auf der Plattform war ein Ferrari, der zum Startpreis von damals noch 1 DM angeboten wurde. Mit diesem Angebot wurde die Marketingmaschinerie angeworfen und Online-Auktionsgeschichte geschrieben. Zur Halbzeit stand der Preis erst bei 20.000 DM und löste damit bei den Gründern Nervosität aus. Erst kurz vor dem Ende der Auktion konnten sie aufatmen, denn schon damals zeichnete sich ab, wie Online-Auktionen funktionieren. Die entscheidenden Gebote gingen erst kurz vor Schluss ein und der Ferrari wurde für 75.000 DM verkauft.

Noch in diesem Jahr wurde das amerikanische Vorbild auf den deutschen Ableger aufmerksam und statt selbst in Deutschland zu gründen, macht eBay den sechs Jungunternehmern ein Übernahmeangebot. Im Juni 1999 wechselte Alando für 50 Millionen Dollar den Besitzer, wurde zu eBay Deutschland und machte damit die deutschen Gründer reich. Rückblickend halten die Samwer-Brüder den Deal heute für den vielleicht größten Fehler, den sie gemacht haben, als sie Alando „so billig" verkauft haben. Allerdings zeigte ihre Entwicklung, dass sie hervorragend in der Lage sind, aus Fehlern zu lernen. Wie andere, die eng mit der eBay-Gründergeschichte verwoben sind, sind die Samwer-Brüder heute Milliardäre.

Mit eBay Deutschland wurde die weltweite Expansion eingeleitet.

1999 zählte eBay bereits 10 Millionen registrierte Mitglieder weltweit.

1999 wurden eBay-Marktplätze in Australien, Kanada und Großbritannien eröffnet, 2000 kamen die Marktplätze Frankreich, Österreich, Irland, Neuseeland, Italien und die Schweiz dazu.

Ein weiterer Meilenstein ist die Gründung von eBay Motors im Jahr 2000, denn damit wurde eBay zum größten Onlinemarktplatz für Gebrauchtwagen und Autozubehör.

Als Nächstes stand half.com, eine Plattform, die sich auf den Verkauf von gebrauchten Büchern und CDs spezialisiert hatte, auf der eBay-Einkaufsliste, die eBay 2000 für 350 Millionen Dollar gekauft hat.

2000 fing eBay an, mit den eBay-Universitys auf „Tournee" zu gehen und Verkäufer und solche, die es werden wollten, zu schulen. Die eBay-Universitys in Deutschland starteten 2002 und der Andrang war riesig. Deutschland war in eine Art Goldgräberstimmung verfallen und eBay war der Dreh-und Angelpunkt.

2000 wurde in den USA die Sofort-Kaufen-Funktion eingeführt. Damit hat eBay die Kehrtwende von der charmanten Plattform mit Flohmarktcharakter hin zu einem professionellen Handelsplatz eingeläutet. Dieser Schritt war wichtig, denn ein Wachstum, wie eBay es in den vergangenen Jahren erlebt hat, wäre mit Auktionen nicht möglich gewesen, weil eBay mit Auktionen keine Menge skalieren konnte.

2000 ist die eBay-API live gegangen und auch dieser Schritt war ein Meilenstein in der Geschichte von eBay, denn durch die eBay-API konnten Softwareentwickler Tools entwickeln, die die Auktionsabwicklung automatisiert haben. In einigen Interviews erinnern sich die Verkäufer der ersten Stunden an die Zeit, als es noch keine eBay-Tools gegeben hat und mit welchen aus heutiger Sicht abenteuerlichen Problemen sie sich herumschlagen mussten. Anfangs war die Nutzung der eBay-API nur einer kleinen Gruppe möglich und die Kosten für die Nutzung waren enorm, sodass sich nur wenige Fremdentwickler einen Zugang zur API leisten konnten. Die Nutzung der API wurde erst 2005 kostenlos und einer, der sich an diesen Tag immer erinnern wird, ist Elmar Denkmann, der Mann hinter dem beliebten eBay-Tool Baywotch, der in seinem Interview verrät, dass für ihn mit diesem Tag die Zeit der schlaflosen Nächte Geschichte war.

2000 ist eBay Deutschland vom Kreuzberger Hinterhof in den Gewerbepark Dreilinden nach Kleinmachnow gezogen.

Mit dem Kauf von Mercado Libre sicherte eBay sich 2001 den Zutritt zu den lateinamerikanischen Märkten und in Asien gelang eBay der Markteintritt durch den Kauf von EachNet.

2001 wurde in Deutschland die Sofort-Kaufen-Funktion eingeführt, allerdings hat es noch ein Jahr gedauert, bis auch das reine Festpreisformat bei eBay Deutschland angeboten wurde. Zu diesem Zeitpunkt wurden auch die eBay-Shops eingeführt und eBay gewinnt damit an Attraktivität für gewerbliche Verkäufer.

2001 hat die erste eBay Live! in Anaheim, Kalifornien stattgefunden.

Die erste deutsche eBay Live! fand 2003 in Berlin statt und noch heute schwärmen die Teilnehmer begeistert davon. eBay-Mitglieder, Käufer und Verkäufer, Journalisten, Entwickler und eBay-Fans haben sich und eBay auf der eBay Live! gefeiert. Schon Tage vorher sind Käufer und Verkäufer aus ganz Deutschland und

Europa angereist und rund um das Tempodrom in Berlin herrschte eine Art Ausnahmezustand.

Am 11.9.2001 hat die Welt den Atem angehalten. Die Terroranschläge von New York lähmten das Weltgeschehen. Der Gouverneur George Pataki und der Bürgermeister von New York Rudy Giuliani baten eBay um Hilfe, um die Spendenflut zu organisieren, und so startete eBay „Auctions for America". Mehr als 100.000 Nutzer spendeten über 10 Millionen Dollar für die Opfer des 11. September. Seit dieser Zeit hat eBay mit seinem Charity-Programm „Giving Works" mehr als 30.000 Charitys mit mehr als $ 500.000.000 unterstützt.

2002: Das eBay-Zahlsystem Billpoint hatte sich nicht durchgesetzt und weil mehr als fünfzig Prozent der eBay-Mitglieder bereits PayPal genutzt haben, traf eBay eine wichtige Entscheidung und übernahm PayPal. Die deutschen Nutzer mussten allerdings noch 2 Jahre auf die Integration auf dem deutschen eBay-Marktplatz warten und Torsten Hornung, ein Briefmarkenhändler, der viele internationale Kunden hatte, erinnert sich in seinem Interview daran, dass viele Käufer ihm damals Dollarscheine geschickt haben, weil es vor dem PayPal-Zeitalter wenige Möglichkeiten gab, internationale Transaktionen abzuwickeln.

2003 spürte man bei eBay die Goldgräberstimmung. Mehr als die Hälfte aller Internet-Nutzer in Deutschland besuchten innerhalb eines Monats den deutschen eBay-Marktplatz.[*2]

2003 landete eBay auf Platz 8 der weltweit am schnellsten wachsenden Unternehmen.

2005 hat eBay das Portal Shopping.com, einen der Pioniere im Bereich Onlinepreisvergleich übernommen.

Im März 2005 launcht eBay den Kleinanzeigenmarkt „Kijiji. Kijiji bedeutet übersetzt so viel wie „kleines

Dorf". Kijiji gehört heute zur „eBay Classifieds Gruppe" und ist in Deutschland unter „eBay Kleinanzeigen" bekannt. Zur „eBay Classifieds Gruppe" gehören heute Kleinanzeigenmärkte in der ganzen Welt. Einige Kleinanzeigenmärkte firmieren noch immer unter dem Namen „kijiji", z. B. in Kanada und Italien, in anderen Ländern wie z. B. in Großbritannien und Südafrika sind die eBay-Kleinanzeigenmärkte als „Gumtree" bekannt, in südamerikanischen Märkten unter „alaMaula".

Im September 2005 kaufte eBay Skype, schafft es aber nicht, Skype zu integrieren. Der ursprüngliche Plan von Meg Whitman, mit Skype einen Kommunikations-Motor für Käufer und Verkäufer rund um den Globus zu schaffen, scheiterte. 2009 werden 70 % von Skype an eine Investorengruppe verkauft, 2011 wird Skype endgültig abgestoßen und an Microsoft verkauft.

2007 kaufte eBay mit der ViA-Online GmbH den Toolanbieter Afterbuy und erweiterte damit sein Service-Angebot für professionelle Händler.

2007 kaufte eBay StubHub, den weltgrößten Onlinemarktplatz für Tickets.

2008 verließ Meg Whitman eBay und übergab das Zepter an John Donahoe.

2008 und 2009 landete eBay auf der Liste der 100 besten Arbeitgeber im Fortune Magazine.

2008 führte eBay die erste Kaufapplikation für das iPhone ein, mit der Millionen von Käufern mobil auf eBay zugreifen können, in Deutschland kam die App erst zwei Jahre später.

Im Oktober 2008 führte eBay.com mit „Bill me later" den „Kauf-auf Pump" ein.

November 2008: In den USA erreichte Jack Sheng von eforcity als erster eBay-Verkäufer weltweit 1 Million Bewertungspunkte. Ihm zu Ehren wurde bei eBay ein Konferenzraum nach ihm benannt.

2009 wurde der Top-Rated-Seller-Status – in Deutschland der „Verkäufer mit Top-Bewertung" eingeführt.

2009 feierte eBay Deutschland den 10. Geburtstag! In den letzten 10 Jahren wurden bei eBay Deutschland 4,4 Milliarden Gebote abgegeben und 1,1 Milliarden Angebote verkauft.

2009 startete eBay die WOW! Angebote, die anfangs begeistert aufgenommen wurden. Andreas Müller, der mit seinem eBay-Account „deltatecc" zu den festen Größen unter den eBay WOW! Verkäufern gehört, erinnert sich in seinem Interview daran, dass er mit einem sensationellen Angebot Wegbereiter für die eBay WOW! Deals gewesen ist.

2011 erreichte dynamic-auction als erster deutscher Verkäufer die magische Grenze von 1.000.000 Bewertungspunkten und wurde mit der silbernen Sternschnuppe ausgezeichnet. Auch wenn es bis heute einige Verkäufer geschafft haben, so ist das bei eBay noch immer eine ganz besondere Auszeichnung und natürlich auch eine beachtliche Leistung.

2011 übernahm eBay den deutschen Onlineshopping-Klub für Mode und Lifestyle brands4friends und die Open-Source-E-Commerce-Plattform Magento.

Durch eine weitere Übernahme wurde GSI Commerce zur dritten Säule von eBay Inc. neben dem Marktplatzgeschäft und PayPal. Das Unternehmen unterstützt Markenhersteller und Händler bei ihren E-Commerce-Aktivitäten, beim Multi-Channel-Handel sowie beim digitalen Marketing.

2012 erhielt eBay ein neues Logo. Noch immer kämpfte eBay mit dem Imageproblem und wollte in den

Köpfen nicht mehr als Flohmarkt wahrgenommen werden.

2013: Mit Guido Maria Kretschmer entwarf erstmals ein Star-Designer eine exklusive Kollektion für den deutschen eBay-Marktplatz.

2014: eBay Deutschland feierte den 15. Geburtstag. Seit der Gründung von eBay in Deutschland wurden drei Milliarden Artikel im Wert von insgesamt 97 Milliarden Euro bei eBay.de gehandelt.

2014: Als erster Händler auf dem deutschen eBay-Marktplatz erreichte „atp-autoteile" die Marke von zwei Millionen Bewertungspunkten.

eBay führte den neuen Service Click & Collect ein. Mit Click & Collect bietet eBay stationären Händlern eine zusätzliche Möglichkeit, ihr lokales Sortiment online verfügbar zu machen, und verbindet den Online- mit dem Offlinehandel.

Der 21. Mai 2014 geht als ein schwarzer Tag in die eBay-Geschichte ein, denn eBay musste öffentlich zugeben, Opfer eines Hackerangriffs geworden zu sein. Alle 145 Mitglieder weltweit mussten aufgefordert werden, ihre Passwörter zu ändern. Die Bestürzung war groß und vor allem die Tatsache, dass eBay den Hackerangriff zwei Wochen verheimlicht hat, kostete eBay sehr viele Sympathiepunkte.

2015 begann für eBay ein neues Kapitel: Im Juli 2015 trennte sich eBay von PayPal und Devin Wenig löste John Donahoe als eBay CEO ab.

Pierre Omidyar ist nach wie vor Aufsichtsratsvorsitzender bei eBay. Er engagiert sich heute für verschiedene gemeinnützige Projekte im Bildungsbereich.

eBay 2015 in Zahlen:

- eBay hat weltweit 157 Millionen aktive Käufer, davon 17 Millionen in Deutschland.
- Rund 340.000 Nutzer, die sich 1999 bei eBay registriert haben, sind noch heute aktiv.
- Weltweit befinden sich jederzeit 800 Millionen Angebote bei eBay, davon 70 Millionen in Deutschland.
- Weltweit zählt eBay in etwa 25 Millionen Verkäufer, in Deutschland sind 175.000 gewerbliche Verkäufer angemeldet.
- Bei fast 80 % der bei eBay verkauften Ware handelt es sich um Neuware.
- 59 % des Umsatzes erzielt eBay außerhalb der USA.
- Der Umsatz von eBay betrug im 2. Quartal 2015 2,1 Milliarden US-Dollar.
- Das Handelsvolumen des Gesamtwerts der erfolgreich abgeschlossenen Transaktionen betrug im 2. Quartal 2015 20,1 Milliarden US Dollar.
- Das gesamte Handelsvolumen betrug in 2014 83 Milliarden US-Dollar.
- Der Börsenwert von eBay lag am 20. Juli 2015 bei rund 30 Milliarden Euro, größter Aktionär mit einem Aktienanteil von 7 % ist der eBay-Gründer Pierre Omidyar.

Rückblick, Augenblick, Ausblick

Hinter all den eBay-Zahlen stehen Geschichten, die eBay in den letzten 20 Jahren geschrieben hat. Geschichten voller Emotionen, Geschichten voller Power, die die Dynamik des sich ständig ändernden Marktplatzes abbilden, Erfolgsgeschichten, die nur eBay schreiben kann.

Mein erster Reiseführer auf der Reise durch das eBay-Universum ist Torsten Hornung, der den Start von eBay Deutschland hautnah erlebt hat und sich an sein erstes Zusammentreffen mit den Samwer-Brüdern erinnert, die „umzingelt von Star-Wars-Figuren und Pizzakartons" aus einem Kreuzberger Hinterhof den Grundstein für ihr heutiges Imperium gelegt haben. Gleich im Anschluss berichtet Joachim M. Guentert, der damalige Leiter der Unternehmenskommunikation von eBay, von der skurrilen Szenerie, die er bei seinem Antrittsbesuch bei eBay in Berlin-Kreuzberg vorgefunden hat. Daniel Kempkes von Ecultor lässt uns an seiner atemberaubenden Erfolgsgeschichte vom eBay-Wohnzimmerverkäufer zum Vollblutunternehmer, der heute eine der modernsten Laser-Produktionsanlagen der Welt sein eigen nennt, teilhaben. Andreas Müller von Deltatecc war Wegbereiter der eBay WOW! Deals und ist heute ein leuchtendes Beispiel dafür, wie die perfekte Vernetzung von Online- und Offlinehandel gelingt. Elmar Denkmann ist für unzählige Verkäufer und Käufer der Helfer im Hintergrund, denn seine Tools erleichtern das Leben vieler eBayer. Ralf Herrmann hat die Seiten gewechselt und lebt heute in Hongkong. Seine Geschichten werden viele in Erstaunen versetzen, denn ganz so einfach, wie es sich viele vorstellen, ist der Handel bei eBay von China aus nicht.

Andreas Voswinckel von Limal ist der Verkaufsagent der Neuzeit und ein Mutmacher, der eindrucksvoll schildert, dass man auch aus einem holprigen Start einen Raketenstart machen kann. Mark Steier wollte mit eBay Millionär werden und hat das Ziel planmäßig erreicht. Alexander Zacke von Auctionata trägt als ehemaliger eBay-Superseller die eBay-DNA in sich und genau wie für Bastian Mell von PaketPLUS war eBay für ihn das Sprungbrett zu einer atemberaubenden Karriere. Und weil das Thema eBay eng mit dem Thema Recht verbunden ist, kommen in diesem Buch auch die IT-Recht Kanzlei aus München und Oliver Prothmann, der Präsident des Bundesverbands Onlinehandel, zu Wort. Frank Weyermann vom Onlinemarktplatz versorgt die eBay-Community täglich mit News und Infos rund um eBay und ist auch damit Teil des eBay-Universums. Ulrike Pechmann von der Agentur clever commerce gibt zu, mit dem eBay-Virus infiziert zu sein, und so dreht sich in ihrem Leben schon lange alles um eBay. Mit Heiner Kroke von Momox schließt sich der Kreis. Heiner hat als eBay-Mitarbeiter angefangen und ist nach einigen spektakulären Zwischenstopps wieder bei eBay angekommen – dieses Mal auf der anderen Seite, denn er steht hinter einem der weltweit größten eBay-Seller. Als eBay-Mitarbeiter war er unter anderem für die eBay-API zuständig, heute stößt er mit dem extrem hohen Volumen, das sein Unternehmen täglich über eBay abwickelt, an die Grenzen der eBay-API.

Lassen Sie sich von spannenden Berichten und faszinierenden Erfolgsgeschichten mitreißen und nehmen Sie die Erfahrungen und Tipps der erfolgreichen Unternehmer mit auf den Weg zu Ihrer eigenen Erfolgsgeschichte.

Torsten Hornung, atp50: „Bei eBay gibt es noch immer Begegnungen mit Gänsehautcharakter."

Torsten Hornung ist Briefmarkenhändler in der 4. Generation und ein eBay-Verkäufer der ersten Stunde. Unter dem eBay-Mitgliedsnamen atp50 (http://www.ebay.de/usr/atp50) ist er seit 1997 bei eBay aktiv und er hat den Start von eBay Deutschland hautnah miterlebt. Seine Anekdoten zeigen die menschliche Seite von eBay und ziehen alle Register von herzhaftem Lachen bis hin zu Gänsehautmomenten. eBay ist nicht mit einem Urknall zu dem geworden, was es heute ist. eBay hat einen langen Weg hinter sich und die Gründer des deutschen Ablegers haben viel Arbeit investiert, um den Weg für eBay Deutschland zu ebnen.

Du bist schon seit 1997 bei eBay aktiv, also schon lange, bevor eBay in Deutschland gestartet ist. Wie bist Du zu eBay gekommen?

1996 habe ich in Anaheim, Los Angeles, eine große Briefmarkenmesse besucht und habe dort die Leute von eBay kennengelernt. Ich bin seit 1984 im Auktionsgeschäft und ich war bereits sensibilisiert für das Thema Briefmarken und Internet. Im Bereich Briefmarken & Münzen ist das weltumspannende Internet ein interessanter Absatzkanal, denn die Stücke fließen oftmals zurück in die Ursprungsländer. Ich bin damals auf der Messe auf die Leute von eBay zugegangen und habe versucht, sie davon zu überzeugen, dass sie nach Deutschland kommen müssen. Für mich war sofort sonnenklar, dass eBay auch in Deutschland laufen würde. Leider hat sich dieser erste Kontakt nicht weiterentwickelt und ich habe mich dann zunächst bei einem anderen Online-Auktionshaus in den USA angemeldet, das damals gerade gestartet war. Dort habe ich dann mit großem Erfolg meine Ladenhüter versteigert und weil ich dort nur Briefmarken und keine Münzen versteigern konnte, habe ich mich dann 1997 bei eBay.com angemeldet und auch dort erfolgreich verkauft.

1999 ist eBay dann in Deutschland an den Start gegangen und Du hast den Start hautnah miterlebt. Wie ist es dazu gekommen?

Von 1997 bis 1999 habe ich in Berlin gelebt und im Januar 1999 habe ich rein zufällig von einer Journalistin, die bei mir im Haus wohnte, erfahren, dass ein „paar verrückte Jungs" planen, ein Online-Auktionshaus in Deutschland zu gründen. Sie hat dann für mich einen Kontakt zu Oliver Samwer hergestellt, der einer dieser verrückten Gründer war. Schon beim ersten Telefonat war mir klar, dass die Samwer-Brüder ihren „verrückten" Plan ganz klar, ganz sachlich und ganz zielorientiert umsetzen würden. (Anmerkung: Die Samwer-Brüder waren damals 24, 27 und 29 Jahre alt und zählen heute mit dem Internetinkubator Rocket Internet zu den deutschen Internet-Milliardären). Kurz nach dem ersten Telefonat haben wir uns zum Essen getroffen und über die Möglichkeiten einer Zusammenarbeit gesprochen. Ich war damals schon vereidigter Versteigerer und hatte immense Erfahrungen im Auktionsbereich und was ganz wichtig war: Ich war bereits seit zwei Jahren bei eBay.com angemeldet. Zudem hatte ich einen großen Warenbestand an Briefmarken.

Bei diesem ersten Gespräch stand die Finanzierung von Alando noch nicht wirklich und ich hätte damals die Möglichkeit einer Beteiligung gehabt. Allerdings hatte ich durch mein eigenes Unternehmen einen festen Kostenfaktor und außerdem hätte eine Beteiligung an einem Start-up wie Alando einen 24h-Dienst bedeutet. So habe ich mich für einen Beratervertrag entschieden und damit begonnen, bei Alando die Briefmarkenkategorie aufzubauen.

Das allererste Büro war in der Lehrter Straße in Berlin-Mitte und ich werde den Tag nicht vergessen, an dem ich die sechs Jungs das erste Mal in ihrem Büro getroffen habe. Sie saßen in ihrem Büro umzingelt von unendlich vielen verschiedenen Star-Wars-Figuren und Pizzakartons. Zu den Gründern gehörten die drei Samwer-Brüder Marc, Oliver und Alexander. Dann gab es noch Jörg Rheinboldt, Max Finger und Karel Dörner. Marc war für den rechtlichen Bereich zuständig, Olli war schon damals der absolute Antreiber, der richtige Macher, der viele Emotionen eingebracht hat. Der Ruhigste und Gelassenste war immer Alex. Er war glasklar in den Dingen, die er anpackte. Olli hat mir an diesem Tag ganz stolz erzählt, dass er es gerade geschafft hatte, kostenlose Telefone für alle zu organisieren. Weil alle ständig unterwegs waren und miteinander kommunizieren wollten, war er einfach in einen E-Plus-Laden spaziert und hatte dort erklärt, dass sein Unternehmen einmal ganz groß werden würde. Im Moment sei leider nicht genug Geld für Mobiltelefone übrig, aber bräuchte dringend welche. Er hat so überzeugend gewirkt, dass er die Mobiltelefone tatsächlich kostenlos bekommen hat.

Die Samwers waren alle blutjung, aber von einer mitreißenden Dynamik und man hat damals schon gesehen, dass diese drei Jungs ganz unterschiedliche Fähigkeiten hatten, aber eine eingeschworene Gemeinschaft bildeten. Ich habe es als Bereicherung empfunden, mit ihnen zu arbeiten, und ich würde es jederzeit wieder machen. Sie haben mich immer fair behandelt und fair bezahlt und sie haben mich immer teilhaben lassen, im Guten wie im Schlechten. Ich hoffe, dass es einmal eine Briefmarke mit den Samwers drauf gibt, weil sie immer viel bewegt haben.

Zu meinen ersten Aufgaben gehörte es, meinen gesamten Briefmarkenbestand bei Alando einzustellen und schon hatten wir mit dem ersten Problem zu kämpfen, denn meine Briefmarken waren plötzlich siebenmal bei Alando eingestellt. Alando hatte damals eine IT-Firma (Living Systems), die im Schwarzwald ansässig war und natürlich längst Feierabend hatte, als wir das Malheur bemerkt haben. Damals gab es noch keinen Mr. Lister und keinen Turbo Lister und so hatten wir die Auktionen mit einem handgestrickten Tool eingestellt und waren gescheitert. Wir mussten dann alle Auktionen händisch entfernen und Karel hat dann ein Tool gebaut, mit dem wir die Angebote wieder einstellen konnten.

Recht schnell kam dann der Umzug in die Blücherstraße nach Kreuzberg und auch das war bezeichnend für die Dynamik, die uns alle antrieb: Der komplette Umzug war innerhalb von 35 min erledigt.

Alle haben mit Vollgas nahezu rund um die Uhr gearbeitet. Ich erinnere mich an eine große internationale Briefmarkenausstellung, die 1999 in Nürnberg stattgefunden hat, auf der die Samwer-Brüder bekleidet mit Alando-T-Shirts persönlich Flyer verteilt haben. Sie haben die internationalen Aussteller mehrsprachig beackert und versucht, sie davon zu überzeugen, dass sie ihre Objekte bei Alando einstellen. Das Gleiche haben sie in Berlin auch jedes Wochenende auf Flohmärkten gemacht.

Für mich war das Problem, dass ich Tag und Nacht erreichbar sein musste, weil es zum Teil rechtliche Probleme gab. Bei Sammlerartikeln aus dem Dritten Reich muss man aufpassen, dass das nicht in die falsche Richtung abdriftet. Am Anfang konnte man bei Alando alles einstellen, aber Marc hat dann festgestellt, dass es problematische Auswüchse angenommen hatte, und so mussten wir quasi rund um die Uhr ein Auge darauf haben. Überhaupt haben die Samwers sehr akribisch gearbeitet. Sie haben zum Beispiel ganz großen Wert darauf gelegt, dass kein Spiel mit Adressen betrieben wird. Sie haben sogar Testkäufe gemacht, um sicherzustellen, dass eBay-Adressen nicht gehandelt wurden. Ein sauberes Business war ihnen immer wichtig!

Ich habe das Team in der Blücherstraße damals wie eine Familie empfunden, es war eine tolle Gemeinschaft, die zusammen gefeiert hat, aber es ging trotzdem immer auch um Leistung, und wenn abends um 23:00 Uhr das Telefon geklingelt hat, weil wieder einmal irgendwo ein Problem aufgetaucht war, dann war das für niemanden ein Problem. Es hat mich nicht reich gemacht, aber es war schön, dazuzugehören. Der Tischkicker war da, der Kühlschrank war prall gefüllt und vor allem das Nutella-Glas stand im Mittelpunkt.

Ich habe am Anfang die verschiedenen Foren organisiert und habe auch versucht, verschiedene Briefmarkensammler auf eBay heißzumachen und einige Kollegen mit ihrem Briefmarkenbestand für Alando zu gewinnen. Die Kollegen waren schlecht zu überzeugen. Sie waren der Meinung, dass man im Internet nichts handeln könnte, weil es zu unsicher sei, weil es zu wenige Menschen geben würde, die das Internet überhaupt nutzen würden und weil die Bezahlung zu unsicher sei.

Alando hat damals die Vorkasse eingeführt und das war eine einschneidende Veränderung, denn das gab es vorher nicht! Üblich war der Kauf auf Rechnung und nun kam so ein Online-Auktionshaus und krempelte den Zahlungsmarkt um. Die Skepsis war groß!

Diese Skepsis und die Vorbehalte gegenüber Onlinemarktplätzen war übrigens auch der Grund, warum viele Mitglieder der ersten Stunde einen Fantasienamen für eBay gewählt haben. Man wollte bei eBay bewusst inkognito bleiben. Ich habe damals den Namen ATP50 gewählt, weil ich damals Am Treptower Park 50 gewohnt habe. Heute hätte ich lieber einen Namen mit einem Bezug zu meinem Namen, aber nach so vielen Jahren hat sich ATP50 so sehr eingebürgert, dass ich manchmal auf eine Messe komme und die Leute sagen: „Schau, da kommt ATP50."

Ich war damals Mitglied in ehrwürdigen Briefmarkenverbänden mit 40-50 elitären Mitgliedern, die dann munkelten, dass der Hornung Handel auf eBay betreibt. Das führte dazu, dass damals mit einem Vorstandsbeschluss einstimmig beschlossen wurde, meine Mitgliedschaft auf Eis zu legen. Heute kann ich mich darüber amüsieren, denn heute sind sie selbst alle vorne mit dabei.

Aber das zeigt, wie schwierig es damals war, die Leute dazu zu bewegen, bei Alando etwas einzustellen. Als es mir dann gelungen war, einige der großen Auktionshäuser davon zu überzeugen, bei Alando einzustellen, haben sie angefangen, ihre absoluten Ladenhüter zu Mondpreisen bei Alando anzubieten. Nach 2-3 Wochen haben sie sich dann darüber aufgeregt, dass sie weniger als 10 % verkauft hatten.

Und es gab immer wieder Aufreger.

Alando hatte zu dem Zeitpunkt einen irrsinnigen Kampf mit ricardo und die Telekom wollte seinerzeit mit einem Auktionshaus kooperieren und hat sich dann für ricardo entschieden. Das war für Olli eine ganz herbe Enttäuschung.

An einem Morgen kam ich in die Blücherstraße und Olli kam total aufgeregt auf mich zu, weil Pierre Omidyar sich angekündigt hatte und vom Flughafen abgeholt werden musste. Nun hatte Olli einen VW-Käfer und war überzeugt davon, dass der Käfer kein standesgemäßes Auto wäre, um Pierre Omidyar abzuholen. Ich konnte ihn dann überzeugen, mit dem Argument, dass die Amis total auf Käfer stehen. Die Übernahme war aber an diesem Tag noch kein Gesprächsthema.

Pierre Omidyar ist übrigens ein ganz bodenständiger Mann. Ich habe ihn als sehr offenen, freundlichen und fröhlichen Menschen kennengelernt, der auf Menschen zugeht und wunderbar zuhören kann. Er ist jemand, der nicht nur zuhört, sondern auch nachfragt, jemand, der sich Gedanken macht und in dem es arbeitet. Er ist eher europäisch als amerikanisch, weil er alles andere als oberflächlich ist. Als ich ihn 1999 kennengelernt habe, hat er uns schon damals gefragt, was wir vom Thema Sofort-Kaufen halten würden und ob wir uns das vorstellen könnten. Er hat also schon sehr früh darüber nachgedacht, aus dem reinen Auktionshaus eBay einen Onlinemarktplatz zu machen, wie wir ihn heute kennen.

Dann kam die alles entscheidende Pressekonferenz. In der Blücherstraße wurde ein Bereich mit Trennwänden abgetrennt und dort saßen die Journalisten und es wurde bekannt gegeben, dass eBay.com Alando übernimmt. Das war ein absoluter Paukenschlag. Die Jungs wurden dann von Pressekonferenz zu Pressekonferenz geschleppt und galten als die Berliner Vorzeige-Millionäre.

Was viele heute vergessen haben, ist, dass die Summe, die damals bezahlt wurde, zum Teil auch an Business Angels zurückgeflossen ist, die vorher investiert hatten. Es war also nicht so, dass die Gründer den Betrag komplett unter sich aufgeteilt haben.

eBay ging dann nach Kleinmachnow und richtete sich gegenüber dem Komplex ein, in dem eBay heute residiert. Alex, Olli und Marc waren noch wenige Monate dabei und Jörg blieb noch länger, um die Alando-Crew mit der neuen eBay-Crew zu verschmelzen. Er war maßgeblich dafür verantwortlich, dass es aus der Perspektive der Amerikaner mit den Deutschen geklappt hat und Jörg hat das mit viel Charme und seiner bodenständigen Art hervorragend gemanagt. Er hat einen super Job gemacht.

eBay Deutschland war also geboren. Wie ging es bei Dir weiter?

1999 bin ich zurück nach Wiesbaden gegangen, aber eBay war nach wie vor eine Säule in meinem Geschäft und bis 2000 war ich auch noch Berater bei eBay.

Ich hatte eigentlich international begonnen, bin aber über den Umweg eBay.de wieder nach Deutschland gekommen. Mittlerweile kommen meine Kunden aus 72 Ländern.

In den Anfangszeiten war es Usus, dass die Auktionen am Sonntagabend ausgelaufen sind, und so hatte ich dann jeden Sonntag 50-60 Auktionen, die ausliefen, und es gab damals noch keine Abwicklungstools. Also habe ich alle EOA-Mails ausgedruckt und sie nach E-Mail-Adressen sortiert, weil einige Bieter mehrere Auktionen ersteigert hatten. Dann habe ich einen Textbaustein gehabt und habe die Beträge händisch zusammengerechnet und dann an den Kunden geschickt. Das nächste Problem war die Abwicklung von Kreditkartentransaktionen bei internationalen Käufern. Es gab kein PayPal und so haben einige mir aus Sicherheitsgründen in drei verschiedenen E-Mails ihre Kreditkartennummern geschickt, die ich dann zusammengesetzt und über die Ratsche eingebucht habe. Zwei-, dreimal ist es mir passiert, dass eine fremde Kreditkartennummer übertragen wurde und da es keine Unterschrift gab, bin ich auf dem Betrag sitzen geblieben.

Manche Käufer haben mir auch Bargeld geschickt, teilweise sogar auch in Münzen. Und damit das in dem Umschlag nicht so auffällt, haben die Leute einen Karton genommen und haben die jeweiligen Münzgrößen ausgeschnitten und dort die Münzen eingesteckt.

eBay ist durch Sammler groß geworden. Wie hat sich eBay aus Deiner Sicht geändert?

Leider werden die Sammelbereiche von eBay heute stiefmütterlich behandelt und ich glaube, wenn eBay wieder etwas mehr in den Sammelbereich investieren würde, würde eBay auch insgesamt wieder mehr gewinnen. In diesem Bereich sind die Emotionen und es sind die Emotionen, die eBay von anderen Handelsplattformen unterscheiden.

Was sollte eBay Deiner Meinung nach ändern?

Ich biete fast ausschließlich im Auktionsformat an. Für mich ist das Auktionsformat das wichtigste, allerdings gibt es eine Einschränkung: Durch die ganzen Snipertools (Anmerkung: Tools, die automatisch wenige Sekunden vor Auktionsende mitbieten) wird das Endergebnis beeinflusst und mir wäre es am liebsten, wenn man das Auktionsformat für den Sammelbereich dahingehend verändern würde, dass die Auktion sich automatisch um 10 sec verlängert, wenn innerhalb der letzten 10 sec noch ein Gebot eingeht. Damit würde man etwas mehr Auktionsgefühl bei eBay bekommen und damit auch wieder mehr Emotionen ins Spiel bringen. Mir würde es auch gefallen, wenn man die Laufzeit einer Auktion selbst bestimmen könnte. Warum nur 1,3, 5, 7 oder 10 Tage und nicht auch 2 oder vielleicht sogar 14 Tage? Mir fehlt bei eBay heute das Fieber, das auch durch die Bietergefechte in den letzten Sekunden einer Auktion ausgelöst wird. eBay ist heute so selbstverständlich wie Tempotaschentuch – eBay ist keine Attraktion mehr.

eBay hat im Laufe der Jahre leider auch zu sehr den Kontakt zu den Mitgliedern verloren. Am Anfang hat eBay das Wissen der Käufer und Verkäufer angezapft und gemeinsam in einem Boot sitzend umgesetzt. Heute kommen die Berater von irgendwelchen Hochschulen und meinen zu wissen, was für uns Verkäufer gut sein soll.

eBay hätte eigentlich jede Menge Verkäufer, die sich mit dem Geschäft auch auskennen und vor Ideen nur so sprühen. Leute, die sich auskennen, würden nie auf die Ideen kommen, auf die die eBay-Berater manchmal kommen, z. B. dass ein Verkäufer, der versandkostenfrei verschickt, nicht automatisch auch mit fünf Sternen bewertet wird. Stattdessen hat eBay lange Jahre dem Käufer in diesem Fall die Möglichkeit eingeräumt, dem Verkäufer trotz kostenlosem Versand eine schlechte Bewertung für die Höhe der Versandkosten zu geben. Das zeigt, wie wenig die eBay-Berater vom eBay-Geschäft verstehen. eBay wäre gut beraten, wieder eine Instanz zu schaffen, wie sie seinerzeit Jörg Rheinboldt war.

Er hat sich immer Feedback von großen, aber auch von kleinen Verkäufern geholt, denn eBay lebt nicht nur von den großen Verkäufern. Würden die eBay-Berater etwas mehr auf ihre Mitglieder hören, wären manche Fehlentscheidungen nicht getroffen worden.

Nehmen wir als aktuelles Beispiel das Bewertungssystem, das langfristig möglicherweise abgeschafft werden soll. Warum ist das so? In erster Linie geht es um Kostenersparnis, denn das Bewertungssystem macht viel Ärger, bindet Manpower, verursacht Kosten und schafft rechtliche Probleme. Also wird darüber nachgedacht, es abzuschaffen. Möglich, dass ein paar Feinheiten verbesserungswürdig sind, aber es abzuschaffen, wäre der falsche Weg.

Als Verkäufer gefällt mir das Bewertungssystem und als Käufer erst recht.

Was sind bei eBay für Dich die größten Herausforderungen?

Bei mir sind es vor allem technische Herausforderungen, wenn ich zum Beispiel eine Sammlung anbiete und 800 Fotos davon gemacht habe.

Ich habe immer geglaubt, dass das Videoformat bei eBay eines Tages eine nennenswerte Rolle spielen würde, aber dem ist nicht so und es wundert mich, dass es bei eBay mit den Videos nicht vorangeht. Es gibt wenige Verkäufer, die das einbauen, dabei ist es in anderen Bereichen wie zum Beispiel im Immobilienbereich längst üblich.

Im Sammlerbereich spielt das Fachwissen eine extreme Rolle. Bei uns spielt natürlich die Echtheit eine große Rolle, zumal bei eBay auch (Briefmarken) Fälschungen angeboten werden dürfen. Wenn Briefmarken als Fälschungen gekennzeichnet sind, dürfen sie bei eBay angeboten werden und sie werden dann so gekennzeichnet, dass die Kennzeichnungen nach dem Kauf wieder abgefummelt werden können. Das ist sehr schade, denn das macht eine Menge kaputt.

In unserer Branche hat eBay leider immer noch den Ruf, dass man über den Tisch gezogen wird oder eine Fälschung kauft, aber nicht, dass man ein Original zu einem fairen Preis kaufen kann. Hier würde es helfen, wenn man die Nutzer mit heranzieht. Viele Jahre hat es gut funktioniert, dass man Fälschungen bei eBay melden konnte und diese dann auch entfernt wurden.

Wie schätzt Du den eBay-Wandel aus Sicht eines Verkäufers ein? Was ist positiv, was ist negativ?

Wenn man „karierte Maiglöckchen" hat, kann man sie bei eBay anbieten und schnell einem großen Markt zugänglich machen.

Gerade im Sammlerbereich, in dem viele Artikel ab 1 Euro eingestellt werden, funktioniert die eBay-Marktwirtschaft hervorragend. Wenn ich Artikel habe, die ich im Laden nicht verkaufen kann, oder wenn ich einen größeren Sonderposten kaufe, dann biete ich diesen bei eBay an und gerade durch das Auktionsformat erhalte ich gute Preise.

Negativ empfinde ich Probleme, wie sie bei mir immer wieder vorkommen, ohne dass eBay sich um eine Lösung bemüht. Ein Klassiker darunter ist, dass die Käufer in Übersee behaupten, dass sie die Ware nicht erhalten haben. Dann wird das Geld eingefroren und ich starte die Nachforschung. Bis ich dann die Antwort von meinem Logistiker bekomme, dass die Ware in China längst ausgeliefert worden ist, ist die Zeit bei eBay überschritten, in der ich mein Geld wieder zurückbekommen würde. Trotzdem ich also beweisen kann, dass der Käufer die Ware erhalten hat, ist mein Geld verloren. Auch eher negativ empfinde ich Fälle, die auf eBay.com eröffnet werden. Dort werden Fälle anders behandelt als Fälle, die bei ebay.de eröffnet werden. Natürlich bin ich des Englischen mächtig, aber die Regeln sind einfach auf den unterschiedlichen Marktplätzen zu verschieden und das kann im internationalen Handel durchaus zu Verlusten führen.

Würdest Du anderen Verkäufern trotzdem dazu raten, international zu handeln?

Ich habe international begonnen und werde natürlich auch weiter international handeln. Ich kann jedem nur raten, es einmal zu probieren. Ich persönlich kann sowohl die Verkäufer als auch die Käufer dazu ermuntern, auch einmal im Ausland bei eBay zu kaufen oder zu verkaufen. Das Ausland ist in vielen Fällen eine sichere Bank. Wenn ich mir unsere Branche anschaue, dann ist das Geschäft seit Jahren rückläufig, weil es weniger Sammler gibt, und das Internet bietet eine hervorragende Möglichkeit, dagegen anzusteuern.

Wer zum Beispiel ein bisschen Russisch spricht und die Käufer auf Russisch begrüßen kann, hat gute Chancen, sie als Käufer zu gewinnen, weil sie sich willkommen fühlen. Man sollte es einfach einmal für ein halbes Jahr probieren. Natürlich ist es wichtig, dass die Versandkosten fair und transparent sind und der Versand entsprechend akkurat erfolgt. Und auch wenn es im internationalen Handel natürlich ab und zu zu Ausfällen kommt, so ist das die Ausnahme und nicht die Regel und in vielen Kategorien kann der Versuch, sich auf internationales Terrain zu begeben, sinnvoll sein.

Was würdest Du einem eBay-Newcomer heute raten?

Er sollte sich am Anfang konkret überlegen, was er verkaufen will, und sich umfangreiche Fachkenntnisse aneignen.

Er muss eine Marktrecherche machen und seine nationalen und internationalen Mitbewerber kennen und sich einen Überblick darüber verschaffen, wie sie ihre Artikel bei eBay positioniert haben.

Wichtig ist, dass er Geduld mitbringt und nicht erwartet, bei eBay innerhalb kürzester Zeit erfolgreich zu sein. Manche Dinge muss man bei eBay auch über einen längeren Zeitraum beobachten, denn was bei eBay im August gilt, muss nicht auch im September gelten. Geduld zu haben, bedeutet aber auch Zeit zu haben. Zeit, um zu beobachten, Zeit, um sich um Kunden zu kümmern, die vielleicht anrufen oder Mails schicken. Kundengespräche sind die Ressourcen für zukünftiges Wachstum. Für mich sind Reklamationen zum Beispiel immer Grundlage zur Kundenbindung. Klar gibt es immer wieder auch Kunden, die man auf die Liste der gesperrten Bieter setzen muss, aber es gibt auch unzufriedene Kunden, die man bei eBay zu treuen Stammkunden machen kann.

Hat eBay für Dich noch einen Spaßfaktor oder ist eBay reines Business?

eBay unterscheidet sich deutlich von anderen Plattformen, weil es bei eBay noch immer Begegnungen mit Gänsehautcharakter gibt. Ein Beispiel:

Wir wollten unseren Urlaub in einer Ferienwohnung in dem toskanischen Bergdorf Montisi verbringen und hatten für unseren Vermieter als Mitbringsel eine historische Ansichtskarte mit dem Ortsmotiv bei eBay gekauft. Bei der Übergabe flossen die Tränen, denn was wir nicht wussten, unser Vermieter hatte die Karte in den Fünfzigerjahren selber geschrieben und darauf seinen Eltern seine bevorstehende Verlobung mitgeteilt. Unser Vermieter und seine damalige Verlobte standen uns also mit Freudentränen in den Augen gegenüber, als wir ihnen die bei eBay gekaufte Karte überreicht haben.

Mich berührt es auch immer wieder, wenn ich bei eBay über die Spuren meiner Familie stolpere. In der Nachkriegszeit waren Hitler-Briefmarken verboten und so gab es in Deutschland sogenannte Lokalausgaben. Kleinere Städte durften damals Briefmarken selber drucken und am Postschalter verkaufen. Mein Großvater war Briefmarkenhändler in Finsterwalde und so wurden damals die Briefmarken aus Finsterwalde in der Küche meiner Oma auf einen Briefumschlag geklebt, bei der Post abgestempelt und an Sammler und Händler verkauft. Mein Großvater hatte einen Stempel als Adressat und diese Stücke begegnen mir heute teilweise bei eBay,

das letzte Mal bei eBay in Australien. In diesem Fall
trifft sich dann die Gründung des Briefmarkengeschäfts
von meinem Großvater mit meiner jetzigen virtuellen
Welt und das sind Momente, in denen ich weiß, dass
eBay ein großer Gewinn ist, auch wenn es natürlich einige Kritikpunkte gibt.

Wie schätzt Du die Zukunft von eBay ein?

eBay hat einen festen Bestandteil in der Unterneh-
merwelt und eBay hat einen festen Bestandteil in der
Konsumentenwelt. Damit ist eBay ein fester Bestandteil
unserer Welt und wird es auch bleiben.

Joachim M. Guentert, Guentert Network: „Statt wie geplant, nach Hollywood zu gehen, bin ich zu eBay gegangen."

Joachim M. Guentert war sieben Jahre Leiter der Unternehmenskommunikation von eBay Deutschland, Österreich und Schweiz und lebt heute in der Schweiz, von wo aus er als internationaler Kommunikationsberater Unternehmen in elf Ländern betreut (Guentert Network.com http://www.guentert-network.com).

In einem Gespräch mit Joachim M. Guentert habe ich ihm von den vielen wunderbaren Geschichten erzählt, die ich von meinen Interviewpartnern gehört habe und in denen auch er von den alten Hasen oft erwähnt wurde. Besonders angetan war ich von den Geschichten rund um die Kreuzberger eBay-Zeit und die damals einsetzende Goldgräberstimmung. Er hat diese Zeit intensiv miterlebt und so freue ich mich, dass auch er einige Erinnerungen aus dieser Zeit mit uns teilt.

Alles begann mit einem Anruf aus Berlin im November 1999, dem ich anfänglich nicht sonderlich viel Beachtung schenkte. Ich war gerade in Ludwigsburg an der Filmakademie und bereitete dort meinen nächsten Karrieresprung nach Hollywood vor. Am anderen Ende war eine Stimme von eBay Deutschland. Zuerst dachte ich, es würde sich um ein typisches Verkaufsgespräch handeln, doch bot man mir einen Job bei eBay an. Ich sei Alexander Samwer von einem Mitarbeiter der Freien Universität Berlin empfohlen worden.

Ich fiel aus allen Wolken, da ich mich nicht bei eBay beworben hatte. Auch passte das so überhaupt nicht in meine Pläne mit der internationalen Film-Business-Karriere. Aber ich hatte immer mal wieder von der

Alando-Erfolgsgeschichte der Samwer-Brüder und ihren drei Freunden gelesen und das machte mich dann doch neugierig. Und so fuhr ich zwei Wochen später mit dem Zug nach Berlin.

Der erste Eindruck von eBay Deutschland war wenig motivierend: Ein schmuddeliger Hinterhof mitten in Berlin-Kreuzberg, ein kleiner Aufzug, der zu den Räumlichkeiten des noch jungen deutschen Internet-Marktplatzes führen sollte – der aber recht unangenehm nach organischen Resten roch.

Oben angekommen, klopfte ich gegen eine große Stahltüre. Nichts passierte. Und ich klopfte erneut … und klopfte und klopfte und schließlich öffnete sich die Tür und ein sehr junger Mann begrüßte mich. Aber für ihn hatte ich kaum noch Augen, denn was sich hinter jener Stahltüre offenbarte, überraschte mich zutiefst. Rund 40 kunterbunte Menschen an einfachsten Holzgestellen mit Computern in einer ebenso bunten Lagerhalle sitzend, dazwischen andere mit Rollerblades durch die Halle rasend und zwischendrin stehend ein paar ältere, sehr seriös wirkende Männer mit dunklen Flanellanzügen. Dieser Moment war so eindrucksvoll und skurril, dass mir umgehend klar war, dass ich Hollywood nicht mehr benötigte.

Wenig später, Mitte Januar 2000, begann ich also mit meiner Arbeit in jener bunten Lagerhalle. Da ich bereits während des Studiums viel im Medienbereich gearbeitet hatte, sollte ich für eBay Deutschland die Pressearbeit übernehmen. Schien es im ersten Moment eine Aufgabe, die mir großen Respekt abverlangte, war es doch der Beginn einer wunderbaren und oftmals unglaublichen Reise.

Gleich in meiner ersten Arbeitswoche kam überraschend das ZDF mit einem Fernsehteam, welches über das Angebot einer menschlichen Niere bei eBay Deutschland berichten wollte. Und beinahe täglich folgten alle großen deutschen TV-Sender, die ähnlich ungewöhnliche Artikel auf dem Onlinemarktplatz entdeckt hatten und von unserem Unternehmen eine Stellungnahme wünschten.

Es waren keine vier Wochen vergangen, da kündigte sich der Besuch des eBay-CEO Meg Whitman mit ihrer Entourage aus Kalifornien an. In unserer Lagerhalle sollte eine große Pressekonferenz stattfinden. Alle im deutschen Team waren sehr aufgeregt, denn es galt, so vieles vorzubereiten. Wir machten uns auf die Suche nach einer geeigneten großen schwarzen Limousine für „unsere" CEO. Diese fand sich, aber wie sich dann am Tag der Pressekonferenz herausstellte, passte die Limousine kaum durch die Hofeinfahrt zu unserem Kreuzberger Hinterhof. Meg, wie wir sie nannten, blieb aber ganz pragmatisch und ging die letzten Schritte zu Fuß. Die Pressekonferenz wurde ein großer Erfolg. Zahlreiche Top-Journalisten, einige darunter sogar aus dem Ausland, kamen und berichteten umfangreich darüber.

Es folgten drei unglaubliche Jahre, in denen eBay Deutschland nahezu täglich in den Medien war. An einem Tag war das eBay-Logo gleichzeitig auf den Titelseiten des STERN, des Magazins CAPITAL und der GELDIDEE zu sehen. Deutschland galt auch intern in der eBay-Welt als einzigartiges Phänomen.

Dabei wurde in den deutschen Medien eine unglaubliche Bandbreite an Themen verarbeitet. Der mediale Erfolg der deutschen eBay-Powerseller wie beispielsweise jener von Marion von Kuczkowski (Anmerkung – Danke ☺), welche regelmäßig im Fernsehen zu sehen war und die 2002 das erste, äußerst erfolgreiche Buch zum Handel über eBay veröffentlichte – und in den führenden deutschen Print-Magazinen sogar eigene Rubriken hatte, verblüffte selbst die amerikanischen Kollegen.

Aber nicht nur die Powerseller weckten das Interesse der Journalisten. Damals gab es bei eBay Deutschland äußerst aktive Communitys, die unterschiedlicher nicht sein konnten – von den Überraschungseier-Sammlern bis hin zu den Rotweinliebhabern. Allesamt waren sie – auch emotional – sehr engagiert, was immer wieder zu schönen neuen Geschichten führte. So konnten wir beispielsweise immer wieder Journalisten über Hochzeiten informieren, die ihren Ursprung im Handel über den weltweiten Onlinemarktplatz hatten.

Der Höhepunkt war dann im Sommer 2003 erreicht, als die Hauptnachrichtensendungen von ARD und ZDF gleichzeitig über ein großes eBay-Treffen in Berlin mit über 5.000 Nutzern berichteten, welches von Thomas Gottschalk moderiert wurde.

Die unglaublich bunten und spannenden eBay-Geschichten aus jenen Jahren würden sicherlich ein ganzes Buch füllen – und wer weiß, vielleicht kommt das ja noch.

Daniel Kempkes, Ecultor: „Am Ende möchte eBay, dass Du Deine Produkte erfolgreich verkaufst."

Daniel Kempkes hat eine beeindruckende Karriere hinter sich. Am Anfang stand die Problemlösung. Weil er mit der Displayschutzfolie für seinen neuen PDA nicht zufrieden war, hat er kurzerhand selbst Hand angelegt und sich seine eigene Folie zusammengebastelt. Weil das Ergebnis überzeugend war, hat er nebenbei angefangen, seine Folien bei eBay zu verkaufen, damals waren es 6 Tütchen am Tag. Heute ist er Geschäftsführer von Ecultor (http://www.dipos.de/) und stellt mit einer der modernsten Laser-Produktionsanlagen der Welt täglich um die 250.000 Smartphone-Folien her. Seine Displayschutzfolien „Dipos" wurden inzwischen mehrfach ausgezeichnet.

Wann hast Du bei eBay angefangen?

2003 habe ich wie viele andere auch begonnen, privat auf eBay zu verkaufen. In dem Jahr habe ich mir dann auch einen PDA mit GPS-Maus und Navigationssoftware gekauft. 499 EURO hat das Teil damals gekostet, im Nachhinein betrachtet eine meiner besten Investitionen. Denn diesem Gerät lagen 2 Displayschutzfolien bei. Ich selber habe zu dem Zeitpunkt in einem Unternehmen gearbeitet, das u. a. Aufkleber herstellte. Ich kannte zu dem Zeitpunkt so ziemlich alle Materialien, Kleberarten und Einsatzzwecke und habe für mich entschieden, dass diese dem PDA beigelegten Folien aufgrund des verwendeten Klebstoffes ungeeignet sind. Also habe ich mir bei meinem Arbeitgeber für ein paar

EURO einen Bogen Material mitgenommen, das nach meiner Einschätzung viel besser als Displayschutz geeignet war. Zu Hause habe ich diesen Bogen dann mit einem Schneidebrett von Hand aufgeschnitten, auf meinen PDA geklebt und festgestellt, dass es eine sehr gute Lösung ist. Es war dann natürlich naheliegend, die übrigen Folien jetzt auf eBay zu verkaufen.

Was fällt Dir ein, wenn Du an Deine Anfangszeit bei eBay denkst?

Die ersten Folien waren gelistet und so verkaufte ich täglich um die 6 Tütchen à 5 EURO. Wow ... fast 1.000 EURO im Monat – und das ohne nennenswerte Arbeit. Also habe ich ein Gewerbe auf meine damalige Freundin und jetzige Frau angemeldet und langsam angefangen, meine Arbeitsschritte zu optimieren. So wurden die Folien nicht mehr von Hand geschnitten, sondern maschinell, die Bestellungen nicht mehr über eine Excel-/Word-Serienbrieffunktion bearbeitet, sondern über ein kleines Tool namens Auktionsbuddy und der Tintenstrahldrucker wurde durch einen schnellen Laserdrucker ausgetauscht. Jeden Tag wurden es ein paar Bestellungen mehr und mein kleines Business nahm richtig Fahrt auf. In der Mittagspause haben meine jetzige Frau und ich noch schnell die Sendungen des Vormittags kommissioniert, eingepackt und zur Post gebracht und am Abend habe ich neben dem „Briefumschläge packen" neue Geräte recherchiert, gelistet, Kundenanfragen beantwortet und Zahlungseingänge abgeglichen.

Das mit den Zahlungseingängen war übrigens so eine Sache. Damals stellte die örtliche Volksbank keine vernünftige Export-Möglichkeit für den Auktionsbuddy zur Verfügung und so musste ich jeden Zahlungseingang mühsam von Hand zuordnen. Das war jetzt aber – mit zunehmender Bestellanzahl – ein echtes Zeitproblem. Wer sich an die Zeit erinnert, weiß, dass damals nahezu alles auf eBay gegen Überweisung per Vorkasse lief. Jetzt war aber genau diese Herangehensweise für mich ein Problem. Ich brauchte eine Lösung. Und da es aus der damaligen Perspektive keine kurzfristige, technische Lösung gab, habe ich kurzerhand entschieden auf Rechnung oder wie ich es damals genannt habe „auf Vertrauensbasis" zu liefern. Die Zahlungsmoral war übrigens sehr gut, es hat mir mehr genützt als geschadet. Damals konnte man mit diesem Vertrauensvorschuss noch richtig bei den Kunden punkten. Mittlerweile hatte ich so um die 100 Bestellungen am Tag und war echt erleichtert, dass ich nicht mehr täglich zum Kontoauszugsdrucker musste. Ich sah das ganz pragmatisch, die Summe der Geldeingänge und des Rechnungsausgangsbuches stimmten bis auf wenige Euro gut überein.

An einem verregneten Sonntagnachmittag habe ich unseren Hund ins Auto gepackt und wir sind in den Wald gefahren. Auf dem Heimweg wollte ich noch schnell in einer kleinen Filiale der Volksbank Kontoauszüge abholen. Also schnell rangefahren, EC-Karte in den Auszugsdrucker und los ging's. Und den Nachmittag werde ich nicht mehr vergessen. Euphorisiert von meiner tollen „Lieferung auf Vertrauensbasis"-Lösung hatte ich länger keine Kontoauszüge mehr abgeholt. Jetzt stand ich da also an dem Automaten und immer nach 10 Blatt zeigte das Gerät an „Kontoauszüge entnehmen", dann gab es eine kurze Pause und die nächsten 10 Blatt wurden gedruckt. So nach einer Viertelstunde war mir klar, dass das hier in der Form und zu der Zeit keine gute Idee war. Zu viele Auszüge sollten noch folgen. Dummerweise kann man das Drucken von Kontoauszügen nicht stoppen. Ich musste also bleiben. Und so vergingen STUNDEN! Draußen fing es an zu dämmern, ich hatte kein Handy, konnte nicht weg und war in diesem kleinen Vorraum der Volksbank gefesselt. Ich blockierte die kleine Filiale bis in die späten Abendstunden, bis der Kontoauszugsdrucker „kein Papier" meldete und sich in „Außer Betrieb" schaltete. Zum Glück erklärte sich am nächsten Tag eine Bankmitarbeiterin bereit, den Druck für mich zu übernehmen, denn sonst hätte ich noch einmal von vorne starten müssen. Wenn das Papier im Kontoauszugsdrucker verbraucht ist, merkt er sich nicht die Stelle, an der der Druck abgebrochen wurde, sondern startet wieder mit Blatt 1 – wieder was gelernt: nämlich, am besten täglich die Kontoauszüge bei der Bank abholen.

Wie hat sich Euer Unternehmen dann entwickelt? Wann habt Ihr angefangen, andere Plattformen zu nutzen? Was waren die Meilensteine in Deinem Unternehmen?

Neben dem Handel auf eBay haben wir dann später einen Onlineshop eröffnet, die Umsätze waren aber nie ansatzweise wie auf eBay. Nach ein paar Jahren kam Amazon als Vertriebsplattform dazu. Leider habe ich mit anderen Plattformen die Erfahrung gemacht, dass diese nicht annähernd den Umsatz bringen wie eBay und Amazon.

Von 2004 bis 2010 habe ich das Unternehmen zusammen mit meinem Kompagnon Marc geführt. Marc war 2005 mit unserer Geschäftsidee in den Medien (Focus Magazin, Reportage auf VOX, Stern TV mit Günther Jauch auf RTL). Damals war das so eine Welle „Reich mit eBay" und so löste diese Medienpräsenz einen gewissen Hype in unserem Segment aus. Viele Glücksritter versuchten jetzt, Folien auf eBay zu verkaufen und damit reich zu werden. Dass das durchaus mit harter Arbeit und langen Arbeitstagen bei uns verbunden war und wir alles andere als reich waren, kam in den Berichten wohl nicht richtig rüber. Aber sollte es wohl auch nicht, es wäre von der Story dann zu langweilig. Auf jeden Fall führte dieses allgemeine Interesse dazu, dass die 3M Deutschland uns angesprochen hat und zusammen mit uns eine neue Vertriebsschiene in diesem Segment aufbauen wollte. Wir hatten bis zu dem Zeitpunkt schon 3M-Lackschutzfolien als „selbstheilende" Premium Displayschutzfolien verkauft und sahen in einer engeren Kooperation durchaus eine Chance. So schlossen wir eine entsprechende Vereinbarung als 3M-Partner für den Vertrieb und die Verarbeitung von bestimmten 3M-Materialien. Nach ungefähr 2 Jahren Zusammenarbeit haben wir die Liefervereinbarung gekündigt. Die Gründe waren vielfältig und im Nachhinein betrachtet war das eine sehr gute Entscheidung. Mit unserer Marke dipos und dem neuen B2B-Geschäft haben wir ab dem Zeitpunkt unsere Geschäfte im Qualitätssegment stark ausbauen können und uns damit ein starkes Standbein neben dem reinen eBay-Vertrieb geschaffen. Heute können wir in unserem Unternehmen in Rhede jeden Tag um die 250.000 Smartphone-Folien herstellen und verfügen über eine der modernsten Laser-Produktionsanlagen der Welt.

Würdest Du sagen, dass eBay Euer Sprungbrett war?

Definitiv! Mit eBay hat alles angefangen und es war eine richtig tolle Zeit! Gerade auch die Kontakte aus den Anfangszeiten und die damaligen Veranstaltungen und Treffen sind mir immer noch in guter Erinnerung.

Eine Zeit lang bist Du bei eBay weniger aktiv gewesen, dann hast du Deinen Account wieder nach oben gefahren. Was waren jeweils die Gründe dafür, dass Du eBay erst vernachlässigt hast und dann doch wieder voll durchgestartet bist?

Voll durchgestartet sind wir bei eBay bis heute noch nicht. Wir werden unsere Aktivitäten auf eBay aber wieder intensivieren. Wir entwickeln gerade unsere Strategie. Ich sehe diesbezüglich positiv in die Zukunft. Ich glaube, dass eBay weiterhin ein guter Vertriebsweg ist. Anders als in meinen Anfangsjahren muss man sich aber vermutlich noch mehr darauf einlassen und auf viele Details achten. Angefangen habe ich damals mit 5 EURO für 6 Folien, teilweise gab es dann einen Preisverfall auf 1,29 EURO für 6 Folien und weniger. Das machte für mich keinen Sinn mehr und so habe ich mich einfach auf Sachen konzentriert, mit denen ich Geld verdient habe. Die logische Konsequenz war, dass die eBay-Umsätze nur noch vor sich hin dümpelten.

Auf welchen Plattformen bist Du heute aktiv und wie hoch ist Dein eBay-Umsatz im Vergleich zu anderen Plattformen?

Wir haben unser Vertriebsmodell stark dezentralisiert. D. h., wir arbeiten verstärkt auch mit Händlern und bieten die Ware nicht mehr überall selber an. Von der täglichen Sendungsmenge, die unser Haus direkt an Verbraucher verlässt, liegt eBay bei ca. 10 %. Da wir aber mittlerweile einen großen Teil unseres Absatzes über entsprechende Händler machen, die auch selber verschicken, ist dieser Wert nicht repräsentativ. eBay und Amazon sind wohl weiterhin die einzigen Plattformen auf denen nennenswerte Umsätze gemacht werden können.

Was sind bei eBay für Dich die größten Herausforderungen?

Ich persönlich hatte nie nennenswerte Probleme mit den eBay-Regeln und hoffe natürlich, dass das so bleibt. Entgegen dem was auch ich in einschlägigen Foren lese, hat sich eBay mir gegenüber bis heute nicht unfair oder willkürlich verhalten. Preiskampf und aus Verkäufersicht vermeintlich problematische Kunden sind ja nichts Neues, dem muss man sich stellen, Lösungen finden. Das ist aber nichts eBay-Spezifisches.

Wenn Du die verschiedenen Plattformen, auf denen Du handelst, bewerten müsstest, auf welchem Platz würde eBay landen?

Platz 2, hinter Amazon. Wenn ich nur von mir selber ausgehe, dann ist es für mich kinderleicht auf Amazon bzw. dem Amazon Marketplace mal eben schnell irgendwas zu kaufen. Auch finde ich auf Amazon die passenden Artikel schneller und habe eine gute Übersicht über vergangene Bestellungen. eBay ist für mich irgendwie überfrachtet und in Teilen nicht intuitiv genug. Aber das ist nur meine subjektive Meinung, andere sehen das sicherlich anders.

Wie viele Mitarbeiter beschäftigst Du heute?

Im letzten Jahr haben wir mehr als 50 Mitarbeiter beschäftigt. Zum Jahreswechsel haben wir unser Unternehmen neu strukturiert. Im Ergebnis bleiben es rund 50 Menschen, die eng am Unternehmensziel der Ecultor-Gruppe mitarbeiten, wenn auch über andere Gesellschaften.

Wie schätzt Du den eBay-Wandel aus Sicht eines Verkäufers ein? Was ist positiv, was ist negativ?

Mittlerweile weiß fast jeder Käufer, dass er mittels seiner Bewertung erfolgreich Druck auf den Verkäufer ausüben kann und dass dieses Mittel auch immer mehr eingesetzt wird, natürlich auch in unberechtigten Fällen. Und eBay hat ein System geschaffen, das in der Tendenz dazu führt, dass der Verkäufer, nennen wir es mal „klein beigibt", um keine bzw. wenige negative Bewertungen zu erhalten, allerdings hat eBay in diesem Bereich für 2016 Änderungen angekündigt.

Verkäufer können auf eBay nur erfolgreich bestehen, wenn die Produkte gut sind und alle Abläufe und Workflows zu 100 % rund sind. Ein verzögerter Wareneingang oder 2 kranke Mitarbeiter im Support können heute schon dazu führen, dass sich das sofort in den Performance-Werten im Verkäuferaccount auswirkt. Es gibt nicht nur Schwarz und Weiß. Ich denke aber, dass eBay dauerhaft sicherstellen muss, dass die Käufer ein positives Kauferlebnis haben und das geht nur mit guten Verkäufern. Über viele Detailfragen, wie man das erreichen kann, lässt sich diskutieren. Ein entscheidender Vorteil von eBay ist aber, dass eBay nicht mit Dir im Wettbewerb steht. Am Ende möchte eBay, dass Du Deine Produkte erfolgreich verkaufst.

Welche Unterschiede kannst Du auf den unterschiedlichen Plattformen feststellen?

Vor ein paar Jahren haben wir festgestellt, dass die eBay-Kunden deutlich kommunikativer sind als z. B. die Amazon-Kunden. Stichwort „Wo bleibt meine Ware?". Mittlerweile würde ich das relativieren. Es gibt nicht den eBay- oder den Amazon-Kunden. Wie ich schon zuvor gesagt habe, empfinde ich persönlich eBay aus Kundensicht als komplizierter. Die eBay-Regeln im direkten Vergleich zu den Amazon-Regeln würde ich aber nicht als härter einstufen.

Du bist in einer Kategorie aktiv, die extrem mit chinesischen Wettbewerbern zu kämpfen hat. Wo liegen die Probleme und wie beurteilst Du diese Entwicklung?

Grundsätzlich ist es ja global betrachtet eine gute Entwicklung, dass jeder von uns mittlerweile weltweit seine Waren anbieten kann. Das schafft Chancen, gerade für uns, auch im Ausland anzubieten! Ich weiß um die Vorwürfe, die es in Bezug auf manche chinesische Anbieter gibt. Aber obwohl ich brav jedes Inlay und jeden Folienbeutel gemäß VerpVO (Verpackungsverordnung) lizenzieren lasse, meine Umsatzsteuer und alle anderen Steuern abführe, die Leute vernünftig bezahle und auch ansonsten vielleicht anteilig höhere Kosten als der Chinese habe, sehe ich durchaus meine Möglichkeit, als Hersteller erfolgreich am Markt teilzunehmen. Displayschutzfolien stellen wir ja bekanntlich selber her.

Was ist aber mit Handelswaren? Bis dato läuft das Geschäft auf eBay ja durchaus oft so: Ein deutscher Händler kauft in China und verkauft auf eBay. Was ist aber, wenn die Entwicklung dahin geht, dass der chinesische Hersteller/Großhändler über seine deutsche Vertriebsfirma auf eBay verkauft? Also den deutschen Händler umgeht, ausschaltet und die Lieferkette neu definiert? Das wird nach meiner Einschätzung eine Herausforderung, der sich in den nächsten Jahren viele Händler stellen müssen oder gerade stellen.

Was müsste eBay besser machen?

In Bezug auf die chinesischen Anbieter hat eBay als Plattformanbieter eine Verantwortung, für alle Teilnehmer dieselben Voraussetzungen zu schaffen. Hier sollte man einmal darüber nachdenken, wie eBay das verbessern kann. Wenn man sich einfach mal überlegt, welche gesetzlichen Auflagen ein Verkäufer in dem jeweiligen Land erfüllen muss und wie das der Verkäufer gegenüber eBay nachweisen kann, dann könnte dies vielleicht schon zu etwas mehr Gleichheit für die Anbieter führen und möglicherweise Händler ausschließen, die sich um das alles einen feuchten Dreck scheren.

Spielt der internationale Handel für Dich eine Rolle? Wenn ja, nimmt er zu?

Wir sind bereits auf den internationalen eBay-Marktplätzen aktiv, möchten unsere Bemühungen in diesem Bereich aber auch in Zukunft intensivieren. Ich sehe hier gutes Wachstumspotenzial.

Würdest Du heute noch einmal bei eBay starten und was würdest Du heute anders machen? Lohnt es sich aus Deiner Sicht heute noch, ein eBay-Business aufzubauen?

Ich glaube, dass man heute und 2003 nicht mehr vergleichen kann. Heute würde ich von der ersten Minute an auf eine vernünftige Abwicklungssoftware inkl. Bankkontoabgleich & Co. setzen.

Und heute würde ich deutlich mehr Diversifizieren und mein Unternehmen von Anfang an auf mehrere Vertriebs-Standbeine stellen.

Was würdest Du einem eBay-Newcomer heute raten?

1.) Skalierbare Prozesse schaffen. Heute wird man als neuer Händler hart bestraft, wenn man aufgrund interner Probleme die Ware nicht rechtzeitig verschickt oder die E-Mails nicht zeitnah beantwortet. Alles, was man heute am Tag 1 x macht, muss so organisiert sein, dass man es auch 1000 x machen kann. Und wenn man es dann 1000 x am Tag machen darf, dann sollte es auch so organisiert sein, dass man es nicht nur persönlich kann, sondern auch an Personal delegieren kann.

2.) Nichts erzwingen und in Lösungen denken. Je nach Produkt und Branche hat man auch nach Optimierung aller Prozesse und Details einen gewissen Anteil Reklamationen, Rücksendungen, Beschwerden, E-Mails und Anrufe. Es reibt einen auf, wenn man täglich dagegen ankämpft. Besser ist es, sein Business – im Sinne des Kunden – darauf auszurichten. Wenn man dann kein Geld mehr verdient oder weiterhin gegen innere Überzeugungen handelt, aufhören! Irgendetwas anderes machen oder sich ein anderes Produkt suchen.

Hat eBay für Dich noch einen Spaßfaktor oder ist eBay reines Business?

Meine Arbeit im Allgemeinen macht mir Spaß. Einen speziellen Spaßfaktor auf eBay bezogen kann ich in der Form aber nicht benennen.

Wie schätzt Du die Zukunft von eBay ein?

eBay ist eine gesetzte Größe unter den Plattformen und eBay kann sich seine Zukunft nur selber verbauen. Eine falsche Strategie oder Markteinschätzung kann am Fundament wackeln. Es gibt da ja viele Beispiele wie Kodak oder Nokia. Die waren auch mal gesetzte Größen in ihren Segmenten.

Andreas Müller, Geschäftsführer Deltatecc: „eBay kann nicht jeder und das ist durchaus ein Vorteil."

Das Familienunternehmen um Andreas Müller betreibt den Elektro-Fachmarkt expert Müller in Saarwellingen. Bei eBay ist Andreas Müller mit seinem eBay-Account „Deltatecc" (http://stores.ebay.de/Deltatecc) einer der erfolgreichsten Powerseller im Bereich Unterhaltungselektronik und eine feste Größe unter den Ausrichtern der eBay WOW! Deals. Man könnte sogar sagen, dass er die eBay WOW! Deals mit erfunden hat! Andreas Müller steht aber auch für die perfekte Vernetzung von Online- und Offlinehandel.

Wann hast Du bei eBay angefangen und wie bist Du auf die Idee gekommen?

Privat habe ich 2002 angefangen, bei eBay zu verkaufen. Mein Vater hatte einen Elektronikeinzelhandel und hat mit TV-Shopping-Sendern zusammengearbeitet. Die Retourenquoten waren relativ hoch und so hatte ich die Idee, die Retouren im Internet zu verkaufen. Mein Vater hat diesen Plan von Anfang an unterstützt und so habe ich dann 2003 zusammen mit zwei Kommilitonen angefangen, gewerblich bei eBay zu verkaufen, um unser Studentengehalt mit eBay aufzubessern.

Wie hat sich Euer Unternehmen dann entwickelt?

Schon 2004 wurde sichtbar, dass unser eBay-Geschäft sich stärker entwickeln würde, als wir es ursprünglich geplant hatten. Wir haben ja alle drei nebenbei noch BWL studiert und haben sozusagen das, was wir morgens an der Uni gelernt haben, am Nachmittag in die Praxis umgesetzt.

So haben wir uns intensiv mit der Markt- und Wettbewerberanalyse beschäftigt und die Ergebnisse unserer Analysen in einer Excel-Tabelle festgehalten. Auf Grundlage unserer Analysen haben wir dann täglich die Preise angepasst. Später gab es dann zum Glück Tools wie Baywotch, die uns die Arbeit erleichtert haben.

2005 konnten wir über eBay unseren ersten großen Auftrag an Land ziehen. Wir haben damals bei eBay Prepaidhandys verkauft und haben dann das Angebot bekommen, den Weltjugendtag mit 2500 Handys auszustatten. Das war natürlich ein toller Erfolg für uns!

2006/2007 bin ich dann hauptberuflich bei eBay eingestiegen.

Wir haben gewissermaßen die eBay WOW! Angebote erfunden, denn als wir von einem Hersteller das Angebot bekommen haben, 5000 Navis zu einem damals sensationellen Preis von 59 € zu verkaufen, haben wir gemeinsam mit eBay ein Banner für die Startseite entworfen, um die Navis zu bewerben. Die Aktion wurde ein Riesenerfolg für uns und damit auch für eBay und so wurden quasi die eBay WOW! Angebote geboren.

2003 haben wir zu dritt angefangen. Einer meiner Mitgründer ist, wie von Anfang an geplant, relativ schnell wieder ausgestiegen und der dritte im Bunde ist zu eBay gegangen und hat von dort aus seine Karriere gestartet. Heute ist er im Management bei Escada.

Mein Bruder Philip ist heute Co-Geschäftsführer und wir haben 50 Mitarbeiter, davon neun Auszubildende. Am Anfang hatten wir die Online-Unternehmen

und den stationären Handel getrennt, 2009 haben wir
die Unternehmen dann zusammengefügt.

**Du betreibst mehrere eBay-Accounts, z. B. del-
tatecc, deltatecc-prime**
(http://stores.ebay.de/deltatecc-prime) **und delta-
tecc-home** (http://stores.ebay.de/deltatecc-home)
Geht der Trend zu mehreren Accounts?

Das hat mehrere Gründe. Zum einen hängt das natürlich mit dem Top-Verkäuferstatus zusammen, den
wir auf manchen Accounts manchmal haben und
manchmal nicht haben.

Mit Speditionsartikeln, wie Fernsehern oder Elektro-
großgeräten, ist es schwierig, den Status zu halten. Ein
anderer Grund war, dass wir bei Deltatecc eine bestimmte Anzahl von Templates hinterlegt hatten und
keine weiteren anlegen konnten. Also mussten wir
einen weiteren Account eröffnen.

Auf welchen Plattformen bist Du heute aktiv?

eBay ist unser stärkster Marktplatz, gefolgt von
Amazon.

2011/2012 gab es eine Zeit, in der wir bei Amazon
stärker waren, heute sind wir bei eBay wieder stärker.
Das Problem bei Amazon ist, dass man nicht konkurrenzfähig ist, wenn Amazon die Produkte selbst aktiv
verkauft. In dem Fall hat man als Händler keine Chance
mehr.

Heute kommen Marken aktiv auf uns zu, weil sie bei
eBay verkaufen wollen.

Das fing 2010 langsam an und bis 2014 hatte es auch
der Letzte verstanden, dass man heute bei eBay aktiv

sein muss. Um das zu erreichen, war es nötig, die Qualitätsstandards bei eBay anzuheben, denn wenn ein Kunde mit einem Verkäufer nicht zufrieden war, dann hat er nicht gesagt, dass er mit dem Verkäufer xy schlechte Erfahrungen gemacht hat, sondern mit eBay.

eBay profitiert von dem Qualitätsschub, der durch die Anhebung der Qualitätsstandards stattgefunden hat. Der E-Commerce wächst und eBay wächst mit.

Wir sind auch bei Rakuten und Allyouneed aktiv, allerdings in wesentlich schwächerem Umfang als bei eBay und Amazon.

Du bist sowohl online als auch offline aktiv. Wie können beide Kanäle voneinander profitieren?

Wir hatten zeitweise mehrere Fachgeschäfte, u. a. zwei Fachmärkte in Toplagen in Einkaufszentren, aber online hatten wir mehr Umsatz als in beiden Läden zusammen.

Irgendwann hat das Offlinegeschäft immer weniger Spaß gemacht und so haben wir uns dann verstärkt auf den Onlinehandel konzentriert, allerdings haben wir unseren Elektro-Fachmarkt in Saarwellingen immer behalten.

Heute sehen wir uns als Onlinehändler mit Offline-Anbindung.

Von den Erfahrungen, die wir im Onlinehandel machen, profitiert auch unser Offlinehandel.

Ein Onlinehändler geht bei eBay durch eine harte Schule und lernt zum Beispiel durch das Bewertungssystem, dem Kunden professionell zu begegnen und höchste Qualität abzuliefern.

Durch den sehr dynamischen Onlinehandel lernt man auch, immer in Bewegung zu bleiben und das setzen wir auch offline um.

Für unseren Elektronik-Fachmarkt expert Müller haben wir zum Beispiel 2014 einen Drive-in-Schalter ins Leben gerufen. Wenn der Kunde online etwas kauft und es abholen will, muss er es auch sofort und ohne lange Wartezeiten abholen können.

Wenn wir auf Flyern für unseren Elektronik-Fachmarkt damit werben, Saarlands größter Onlinehändler für Unterhaltungselektronik zu sein, dann erhalten wir auch von den stationären Kunden einen Vertrauensvorschuss.

Die Verzahnung Online/Offline ist uns perfekt gelungen, denn wenn wir in einem Kundengespräch feststellen, dass wir den Artikel im Fachmarkt nicht am Lager haben, kann er direkt aus dem Onlinelager nebenan geholt werden, in dem wir 15.000 Artikel lagern. So müssen wir bei der Beratung keine Rücksicht darauf nehmen, dass ein Artikel im Fachmarkt üblicherweise nicht angeboten wird und können dem Kunden vor Ort die bestmögliche Beratung bieten.

2015 streben wir einen Jahresumsatz von mehr als 20 Millionen an. Damit sind wir im Vergleich zu kleinen Händlern groß, aber im Vergleich zu den großen sind wir klein.

Was sind bei eBay für Dich die größten Herausforderungen?

Die größten Herausforderungen bei eBay sind die Suche und der eBay-Katalog und damit verbunden die Aufgabe, die Artikel so darzustellen, dass sie bei eBay auch gefunden werden.

Früher war die Retourenquote bei eBay ein großes Problem, aber seitdem der Kunde für den Rückversand selbst bezahlen muss, ist das besser geworden. Spaßbestellungen gibt es seitdem nicht mehr.

Eine weitere Herausforderung bei eBay ist die Kommunikation. Je mehr man bei eBay verkauft, desto mehr steigt der Kommunikationsaufwand.

Wir beschäftigen uns allerdings auch mit anderen Problemen, wie zum Beispiel der Versandoptimierung. Bei der Menge der Sendungen, die wir täglich verschicken, kommt es beim Verpacken auf jede Sekunde an und wenn man pro Paket 20 Sekunden sparen kann, dann ist das gerechnet auf die Menge der Pakete, die wir täglich versenden, eine enorme Zeitersparnis.

Bei unserem täglichen Versandvolumen stehen wir insgesamt vor vielen Herausforderungen, denn wenn wir, wie kürzlich geschehen, einen Stromausfall von wenigen Stunden haben, können wir unsere Mitarbeiter nicht einfach nach Hause schicken und morgen weitermachen, denn auch der nächste Tag ist prall gefüllt mit Aufgaben, die erledigt werden müssen.

Du bist in einer Kategorie aktiv, die extrem mit Wettbewerbern zu kämpfen hat. Wo liegen die Probleme und wie beurteilst Du die Entwicklung?

Wenn es um die Chinesen geht, werde ich Amtshilfe in Anspruch nehmen. Sie zahlen in Deutschland keine Mehrwertsteuer, können keine Gewährleistung geben und vieles wird am Zoll vorbeigeschleust. Daran muss sich in Zukunft einiges ändern.

Spielt der internationale Handel für Dich eine Rolle?

Im internationalen Handel gibt es viele Hürden. Ich denke da zum Beispiel an die Mehrwertsteuer, die GEMA-Abgaben und das Elektroschrottgesetz, um nur einige Stichpunkte zu nennen.

Wir wollen zunächst einmal am deutschen Markt durch ein gutes Markenangebot und Professionalität weiter wachsen.

Lohnt es sich aus Deiner Sicht heute noch, ein eBay-Business aufzubauen?

Heute wäre der Start bei eBay wesentlich schwieriger und die Firma würde heute nicht mehr so schnell wachsen können. Damals war es einfacher, weil alle unprofessionell waren. Heute kommt man nur noch mit Nischen durch.

Auf der anderen Seite bietet der Onlinehandel viele Chancen, weil die Expansion leichter zu kontrollieren ist. Newcomer können langsam wachsen und müssen kein Vermögen in Ladengeschäfte oder Lager investieren.

Insgesamt ist es bei eBay sehr viel schwieriger zu starten als zum Beispiel bei Amazon, weil eBay sehr komplex ist. Auf der anderen Seite ist gerade das auch ein Vorteil von eBay, weil es eben nicht jeder kann.

Was würdest Du einem eBay-Newcomer heute raten?

Ich würde von Anfang an auf Automatisierung setzen, denn je größer man wird, desto schwieriger gelingt die Umstellung. Deshalb sollte man möglichst schnell damit starten und nicht warten, bis man am Tag 100 Bestellungen hat.

Hat eBay für Dich noch einen Spaßfaktor oder ist eBay reines Business?

eBay macht auf jeden Fall mehr Spaß als Amazon. Amazon ist ein anonymes, nüchternes Unternehmen, zu dem man keinen Kontakt aufbaut. Bei eBay vermisse ich die Events, die früher für eine stärkere Bindung gesorgt haben und ich würde mir wünschen, dass eBay sich in diesem Bereich wieder etwas mehr engagiert. Auf der anderen Seite beobachte ich mit Freude, wie sich unsere Mitarbeiter eBay gegenüber teilweise verbunden fühlen. Wenn unsere Mitarbeiter zum Beispiel an einem WOW! Deal mitgearbeitet haben, sind sie stolz darauf und machen Freunde und Verwandte darauf aufmerksam. Ich freue mich über diese Verbundenheit, die nur eBay schaffen kann.

Welche Pläne hast Du für die Zukunft?

Wir werden in Zukunft den Ausbau des eigenen Webshops stärker in den Fokus stellen.

Natürlich wollen wir auch bei eBay und Amazon weiterwachsen. Auch Rakuten haben wir auf dem Schirm, allerdings müssen wir abwarten, wie Rakuten sich entwickeln wird.

Wie schätzt Du die Zukunft von eBay ein?

Wenn ich an eBay denke, habe ich ein Bild von einem Dampfer im Kopf und wir Verkäufer sind die

Surfer, die hinten an dem Dampfer hängen. Je schneller der Dampfer fährt, desto besser ist es. eBay muss jetzt die richtigen Weichen stellen, damit der Dampfer mit Volldampf in die Zukunft fährt und die Surfer Fahrt aufnehmen können.

Elmar Denkmann, Baywotch: „eBay ist ein fester Bestandteil in unserer Gesellschaft."

Elmar Denkmann ist aus der eBay-Szene nicht wegzudenken. Mit seinen Tools wie dem eBay-Marktbeobachtungstool Baywotch (http://www.baywotch.de) oder dem eBay-Repricer Bayprice (http://www.bayprice.de) erleichtert er den eBay-Verkäufern das Handeln enorm. Ich kann mich gut an meine eBay-Anfangszeit erinnern, als ich meine Wettbewerber noch ohne Baywotch analysieren musste. Mit Baywotch wurde mein Leben von einem Tag zum anderen leichter, allerdings war mir bis zu diesem Interview nicht klar, was es damals für Elmar bedeutet hat, ein Tool wie Baywotch ohne API-Anbindung am Laufen zu halten. Vor vielen Jahren habe ich ein Statement zu Baywotch abgegeben, das auch heute noch gilt: *„Die Marktanalyse ist für mich ein zentraler Erfolgsfaktor bei eBay. Mit Baywotch finden Sie den entscheidenden roten Faden und sichern sich einen wesentlichen Vorsprung!"*

Mit seinem Repricing-Tool Bayprice hat er den nächsten großen Wurf gelandet, denn die Preisoptimierung spielt in vielen eBay-Kategorien eine wichtige Rolle.

Kann man sagen, dass Du Vollblut-eBayer bist und Deinen Lebensunterhalt hauptsächlich durch eBay bestreitest?

Ganz klar Ja!

Wann hast Du das erste eBay-Tool programmiert und wie bist Du auf die Idee gekommen?

Das war 2002. Ich wollte mir eine neue Hi-Fi-Anlage kaufen und meine Frau hatte zur Auflage gemacht, dass ich doch bitte erst die alte Anlage verkaufen sollte, bevor ich eine neue anschaffe.

Um einen möglichst hohen Verkaufspreis zu realisieren, habe ich angefangen, bei eBay-Angebote und Preise zu recherchieren, und habe diese Angebote bei eBay auf die Beobachtungsliste gesetzt.

Schnell war mir klar, dass die Anzahl der Artikel, die ich bei eBay in der Beobachtungsliste speichern konnte, nicht ausreichen würde und so habe ich mir ein kleines Programm geschrieben, um einen besseren Überblick über meine Marktrecherchen zu bekommen. Damit war der Grundstein für mein eBay-Marktbeobachtungstool *Baywotch* gelegt.

Wie ging es dann weiter mit Baywotch?

Ich dachte mir damals, dass mein Tool sicher auch anderen nützlich sein könnte, und so habe ich eine Homepage gebastelt, auf der ich Baywotch zum kostenlosen Download angeboten habe.

Das Problem war, dass meine Homepage durch die vielen Downloads schnell an die Grenzen gestoßen ist und mein damaliger Provider Probleme mit dem Traffic bekam.

Glücklicherweise hat das Downloadportal winload.de (heute giga.de) Baywotch damals aufgenommen und als Freeware zum Download angeboten. Mit Winload im Boot ging es dann steil bergauf. Baywotch war zeitweise unter den Top 50 der Downloads von Winload zu finden.

Es war damals keine strategische Entscheidung Baywotch kostenlos anzubieten, um die Software erst einmal bekannt zu machen, aber im Nachhinein betrachtet, war es genau die richtige Entscheidung.

Obwohl die Software schon so erfolgreich war, hast Du damit aber noch kein Geld verdient?

Für die Software habe ich in den ersten Monaten noch kein Geld genommen, aber ich hatte mich beim eBay-Partnerprogramm angemeldet und auf der Homepage einen Partnerlink zu eBay platziert. Die Nutzer konnten als Dankeschön für den Download über den Link bei eBay shoppen gehen und so habe ich meine ersten Provisionen mit dem eBay-Partnerprogramm verdient.

Wann hast Du dann die Entscheidung getroffen, Dich selbstständig zu machen und Dich ganz auf eBay zu konzentrieren?

Das war 2003 und es war eine schwierige Entscheidung. Auf der einen Seite hatte ich einen sicheren Job als Programmierer bei Maxdata, ich hatte gerade ein Haus gekauft und eine Familie zu ernähren. Auf der anderen Seite war mir klar, dass ich der Doppelbelastung auf Dauer nicht gewachsen wäre. Baywotch nahm immer mehr Zeit in Anspruch und neben meinem Job hätte das auf Dauer nicht funktioniert. Mit der Unterstützung meiner Frau habe ich mich dann für Baywotch entschieden und mich selbstständig gemacht. Es war die richtige Entscheidung, denn einige Jahre später war

Maxdata insolvent und mir wurde noch einmal so richtig bewusst, dass man auch als Angestellter nie die absolute Sicherheit hat.

Wie ging es dann weiter und welche Herausforderungen hattest Du zu meistern?

Schon einige Monate nach der Veröffentlichung von Baywotch habe ich das Lizenzmodell von Freeware auf Shareware umgestellt, d. h., die Nutzer mussten für die Nutzung bezahlen, wenn sie alle Funktionen nutzen wollten.

Das Problem war damals, dass Baywotch die eBay-Seiten gescrapt (= ausgelesen) hat und jede noch so kleine Änderung bei eBay Baywotch sofort ausgebremst hat. Ich musste zu dieser Zeit Tag und Nacht auf Stand-by stehen, um auf eBay-Änderungen sofort reagieren zu können und Baywotch am Laufen zu halten. An Urlaub war zu dieser Zeit gar nicht zu denken. Die eBay-API (eine technische Schnittstelle zum eBay-Marktplatz) gab es zwar damals schon, aber die Anbindung war so teuer, dass ich sie mir nicht leisten konnte. Es war eine extrem stressige Zeit, weil eBay mich sozusagen rund um die Uhr auf Trab gehalten hat.

Trotzdem hast Du durchgehalten. Wie lange musstest Du im eBay-Stand-by-Modus verharren?

Ich werde den Tag, der alles verändert hat, nie vergessen.

Im August 2005 hatte ich auf dem Afterbuy BBQ einen Stand und zwei nette Herren haben sich bei mir über Baywotch informiert. Wenig später haben sie sich als eBay-Mitarbeiter zu erkennen gegeben und mir einen kostenlosen Zugang zur eBay-API angeboten. Das war für mich ein ganz großer Tag in der Geschichte von Baywotch. Mit der Version Baywotch 3.1., die im März 2006 erschienen ist, konnte ich dann die eBay-API nutzen und damit konnte ich dann endlich die Nächte wieder durchschlafen.

Wie hat sich Dein Angebot in den vergangenen Jahren entwickelt?

Neben Baywotch konnte ich mit Bayprice eine zweite wichtige Software am Markt platzieren. Bayprice ist eine Repricing-Software, die in der Lage ist, eBay-Preise automatisch zu optimieren. Während die Nutzer von Baywotch nur eine einmalige Gebühr für die Nutzung des Marktbeobachtungstools zahlen müssen, wird bei Bayprice eine faire monatliche Gebühr fällig und das sichert meine Existenz.

Wie bist Du auf die Idee mit Bayprice gekommen?

Auf die Idee mit Bayprice hat mich ein Kunde gebracht. Ich kannte ihn sehr lange und als Betatester hatte er mir in der Vergangenheit bereits viel wertvolles Feedback für neue Funktionen bei Baywotch gegeben, insofern wusste ich seinen Input, sehr zu schätzen. Im Oktober 2012 hat er mir eine lange Mail geschrieben und mir ausführlich dargelegt, wie er sich ein eBay-Repricing-Tool vorstellen würde. Für Amazon gab es damals bereits viele Repricing-Tools, bei eBay war der Markt noch offen und die Nachfrage war definitiv vorhanden. Nachgedacht hatte ich darüber auch schon, aber ich hatte Angst, dass bei einem so sensiblen Thema wie der Preisgestaltung etwas schieflaufen könnte.

Der Kunde hat nicht locker gelassen und die Art und Weise, wie er mir das Tool schmackhaft gemacht hat, hat mich dann am Ende überzeugt. Zunächst habe ich das Tool für ihn gebaut und nachdem wir es ausgiebig getestet hatten und überzeugt davon waren, dass es problemlos funktioniert, habe ich das Tool offiziell angeboten. In den letzten drei Jahren ist Bayprice immer erfolgreicher geworden und ich sehe hier auch noch ganz viel Potenzial nach oben.

War das ein Einzelfall, oder programmierst Du grundsätzlich auch Tools für Kunden?

Es ist sehr zeitaufwendig, Kundenaufträge umzusetzen. Planung, Programmierung, Test, Dokumentation und Support; ein solches Projekt kann mich da schnell ein paar Wochen auslasten. Einfacher ist es, wenn Kunden zusätzliche Funktionen für bereits bestehende Tools benötigen. Dann ist es durchaus vorstellbar, dass ich mich an die Umsetzung setze.

Neben Baywotch und Bayprice betreibst Du einige eBay-Affiliate-Seiten. Wie kommst Du auf die Ideen?

Durch die tägliche Arbeit mit eBay-Nutzern bin ich direkt am Puls der Zeit und bekomme mit, was Nutzern bei eBay fehlt oder was ihnen bei eBay weniger gefällt. Manchmal vermisse ich aber auch selbst etwas und dann setze ich mich hin und schreibe ein Programm.

Baygel (http://www.baygel.de) z. B. ist eine eBay-Suchmaschine, die wesentlich schneller ist als die eBay eigene Suche, weil sie auf jeglichen Schnickschnack verzichtet. Es werden keine Werbebanner eingeblendet, es wird kein Flash und kein Java geladen und die Suche ist anonym. Zudem wird das gesuchte Wort hervorgehoben, sodass der Nutzer immer sofort erkennen kann, inwieweit das Ergebnis mit seiner Suchanfrage übereinstimmt. Baygel habe ich für User entwickelt, denen eine schnelle Suche wichtiger ist als das Einkaufserlebnis.

Ein weiteres Tool ist mspy.de (http://mspy.de/), ein Überwachungstool für eBay- und Amazon-Produkte. Hiermit kann sich der User per Mail informieren lassen, wenn beispielsweise ein interessantes eBay-Schnäppchen angeboten wird oder wenn ein bestimmtes Produkt einen vorher festgelegten Preis unterschritten hat.

Zusammenfassend kann man sagen, dass ich für meine Affiliate-Seiten Lücken finde, mit denen ich den Usern helfen kann und dann ein entsprechendes Tool programmiere.

Das eBay-Partnerprogramm hatte in der Vergangenheit mit starker Kritik zu kämpfen. Du bist eBay immer treu geblieben. Würdest Du sagen, dass es sich heute noch lohnt, ins eBay-Affiliate-Marketing einzusteigen?

Ich kann mich über das eBay-Partnerprogramm nicht beschweren, habe allerdings vielleicht auch eine etwas andere Sichtweise dazu als der klassische eBay-Publisher. Für mich steht die Entwicklung der Tools an erster Stelle, die Einnahmen aus dem eBay-Partnerprogramm sehe ich als zusätzlichen Bonus. In der Vergangenheit habe ich es schon erlebt, dass z. B. downloadbare Tools nicht mehr vom Partnerprogamm unterstützt wurden, später hat sich das dann wieder geändert. Auf sichere Einnahmen kann man sich nicht verlassen. Als Affiliatepartner muss man ständig damit rechnen, dass einschneidende Änderungen vorgenommen werden, und so würde ich niemandem raten, ein Businessmodell aufzubauen, das ausschließlich auf die Einnahmen aus dem eBay-Partnerprogramm setzt. Manchmal läuft ein Tool weniger gut, dafür läuft ein anderes dann gerade besser.

Und nicht immer kann man das eBay-Partnerprogramm für sinkende Einnahmen verantwortlich machen. Ich habe es schon erlebt, dass ein Tool, das sehr viel Traffic über Google bekommen hat, von heute auf morgen dramatische Rankingverluste bei Google hatte und damit brechen natürlich auch die Einnahmen aus dem Partnerprogramm weg.

Tools programmieren, technische Änderungen umsetzen, Support leisten, Affiliateseiten programmieren und pflegen – das hört sich nach extrem viel Arbeit an und trotzdem bist Du eine One-Man-Show geblieben. Ist das eine bewusste Entscheidung?

Ja, das ist eine bewusste Entscheidung. Natürlich nehme ich die Unterstützung von Dienstleistern, wie z. B. einem Steuerberater in Anspruch, aber ich möchte keine Mitarbeiter einstellen. Ich habe das große Glück, dass ich mein Hobby zum Beruf machen konnte. Ich liebe meinen Job und so empfinde ich es nicht als Belastung, dass ich keine 40-Stunden-Woche habe und auch im Urlaub nicht immer abschalten kann. In meinem Leben ist es mir wichtig, dass ich kreativ sein kann, und diese Kreativität kann ich in meinem Job voll ausleben. Das macht mich glücklich.

Wie sieht Deine Zukunft aus? Ist ein neues Tool geplant, über das Du schon etwas verraten kannst?

Aktuell ist kein neues Tool in Planung, weil ich bei Bayprice noch reichlich Potenzial sehe, das ich erst einmal voll ausschöpfen will. Bayprice ist ein Tool, bei dem ich sehr viel Zeit in den Support stecken muss. Preise sind ein extrem sensibles Thema und viele Kunden haben Angst davor, dass die Preise ins Bodenlose stürzen könnten, was selbstverständlich nicht der Fall ist. Bei Bayprice habe ich das Marktpotenzial noch lange nicht ausgeschöpft, weil ich tatsächlich viel Zeit investieren muss, um neue Kunden zu gewinnen und Vertrauen zu schaffen. Wenn der Kunde sich erst einmal für die Testphase entschieden hat, ist er in der Regel total begeistert, aber bis dahin muss ich ihn an die Hand nehmen und sehr viel Überzeugungsarbeit leisten. Zudem sehe ich bei Bayprice Möglichkeiten, weiter in die Tiefe zu gehen, und auch damit werde ich in Zukunft beschäftigt sein.

Du bist durch Deine tägliche Arbeit sehr nah an eBay dran, Du hast hautnah erlebt, wie eBay sich in den letzten Jahren entwickelt hat, wie siehst Du die Zukunft von eBay?

Das ist, als würde man den Wetterfrosch fragen, wie das Wetter im nächsten Jahr wird. Genau wird das niemand vorhersagen können, aber ich bin sicher, dass eBay weiter existieren wird, denn eBay ist mittlerweile ein fester Bestandteil unserer Gesellschaft. eBay gehört einfach dazu und das wird sich nicht ändern, auch wenn eBay sich in der Zukunft immer wieder ändern wird.

Ralf Herrmann, HQP Trading: „Es ist nicht so einfach, von Hongkong aus nach Deutschland zu verkaufen."

Ralf Herrmann war zu seiner aktiven eBay-Zeit lange bei „Berlins größtem eBay-Händler" nach Bewertungspunkten beschäftigt, heute lebt er in Hongkong und betreibt dort die Einkaufsagentur HQP Trading (http://www.hqp.hk) für deutsche Händler, die auf der Suche nach Kontakten zu chinesischen Händlern sind. In Deutschland sind die Verkäufer aus China ein dunkelrotes Tuch für viele eBay-Händler, aber ganz so einfach, wie es sich viele vorstellen, ist der Verkauf nach Deutschland für Chinesen gar nicht. Ralf kennt beide Seiten des Geschäfts und lässt uns in seinem Interview an vielen interessanten Einblicken teilhaben.

Wann hast Du bei eBay angefangen? Womit hast Du gehandelt?

1999 habe ich im Netz die ersten Erfahrungen gesammelt, damals noch bei Yahoo, ricardo und Alando. Ich hatte eine Ausbildung als Informatikkaufmann gemacht und hatte Grundlagenkenntnisse in HTML. Am Anfang habe ich nur privat gehandelt, habe aber damals schon festgestellt, dass ich mehr Geld bekommen habe, wenn ich zum Beispiel die Schrift fett hervorgehoben habe.

2002 habe ich dann angefangen, gewerblich zu handeln. Wir haben bereits existierende Händler mit Handyakkus beliefert, bevor wir dann selbst zu Händlern wurden. Das war damals ein ziemlich übersichtlicher

Markt, denn es gab nur sehr wenige Handys und noch weniger Handys, die sich gut verkauft haben.

Was fällt Dir ein, wenn Du an Deine Anfangszeit bei eBay denkst?

Die Anfangsjahre bei eBay waren verrückt. Am besten konnte man verkaufen, wenn man Angebote als Topangebot in der Kategorie gelistet hatte.

Damals haben die Uhrzeiten, zu denen man Angebote eingestellt hat, noch eine extreme Rolle gespielt und jeder Händler hat versucht, sein Angebot möglichst einige Sekunden vor den Wettbewerbern einzustellen. Diese Sekunden waren damals entscheidend. Ein Ranking nach „beliebteste Artikel" oder einen Toprated-Status gab es noch nicht. (Anmerkung: Erst seit Mitte 2012 werden die Suchergebnisse auf eBay standardmäßig nach dem Kriterium „Beliebteste Artikel" sortiert, und nicht mehr nach der Aktualität der Artikel.)

Durch die vielen Topangebote waren die eBay-Rechnungen damals im Vergleich zu heute wesentlich höher.

Amazon war völlig uninteressant, zu 90 % hat sich alles bei eBay abgespielt.

PayPal gab es noch gar nicht, alles wurde per Vorkasse bezahlt und musste teilweise mühsam per Bankabgleich abgeglichen werden.

Es gab kaum Probleme mit Sendungen, die nicht angekommen waren, und auch Abmahnungen waren damals kein Thema, das fing erst 2005 an.

Es gab sehr viel weniger Konkurrenz und es gab keine China-Verkäufer.

Die Qualität der Ware war damals viel weniger hochwertig als heute. Wenn Käufer negative Bewertungen abgegeben hatten, konnten die negativen Bewertungen zum Beispiel zurückgezogen werden, ohne dass diese Bewertung Konsequenzen für den Verkäufer gehabt hätte. Dadurch war der Druck, hochwertige Qualität und eine professionelle Abwicklung zu liefern, deutlich geringer als heute. Die Einführung der Mängelquote hat bei eBay einen Qualitätsschub ausgelöst.

Wie hat sich Euer Unternehmen dann entwickelt?

Wir haben von Anfang an auf Automatisierung gesetzt und haben schon 2002 mit Afterbuy gearbeitet. Unsere Artikel hatten zwar sehr kleine Margen, aber da wir die Arbeitsabläufe extrem automatisiert hatten, war das in Ordnung.

Einige Jahre waren wir nach Bewertungen der größte eBay-Händler Berlins, nur kann man sich davon nichts kaufen. Die Anzahl der Bewertungen sagt nichts über den wirtschaftlichen Erfolg eines eBay-Händlers aus.

Du lebst heute in Hongkong. Wann hast Du Dich entschieden, nach Hongkong zu gehen, und was war der Grund dafür?

2006/2007 haben wir begonnen, parallel zu eBay einen Webshop aufzubauen, und 2008 haben wir LED-Produkte mit ins Programm genommen. LED-Produkte hatten damals extrem gute Margen und wir hatten neben dem Onlinehandel ein Ladengeschäft in Berlin. LED-Produkte sind recht beratungsintensive Produkte und wir haben es sehr oft erlebt, dass Leute uns über eBay gefunden haben und dann zu uns ins Geschäft gekommen sind, um sich beraten zu lassen.

Wie waren auf einem guten Weg, aber 2010 habe ich dann die Firma gewechselt, weil mein Chef sich weder in rechtlicher noch in kaufmännischer oder logistischer Hinsicht weiterentwickeln wollte. Mir war klar, dass das auf Dauer nicht funktionieren würde, und ich wollte mit Menschen arbeiten, die sich gut in ihrem Metier auskennen und gut organisiert sind.

Von 2010-2012 habe ich dann über eBay und einen Onlineshop LED-Produkte verkauft. Unser stärkster Verkaufskanal war das Telefon. Die Kunden haben das Angebot bei eBay gesehen und sich dann über die Telefonnummer im Impressum bei uns gemeldet.

2012 habe ich dann aufgehört, weil ich bereits seit 2008 beobachtet hatte, dass immer mehr Händler aus Hongkong ihre Ware in Deutschland anbieten, und ich habe große Chancen darin gesehen, auf die andere Seite zu wechseln. Eigentlich hatte ein anderer Powerseller mir den Floh ins Ohr gesetzt. Ich kann mich gut an ein Platinseller-Treffen erinnern, auf dem die meisten Verkäufer sich über die zunehmende Konkurrenz aus China aufgeregt haben. Einer der Powerseller hat damals vorgeschlagen, selbst in Asien aktiv zu werden, statt hier zu lamentieren. Je länger ich darüber nachgedacht habe, desto logischer erschien mir der Schritt und so blieb nur noch die Entscheidung offen, ob ich nach Hongkong oder China gehen würde. Ich habe mich dann für Hongkong entschieden, weil der Rechtsraum ein anderer ist. In Hongkong ist es leicht, ein Unternehmen zu gründen. Es gibt keine bürokratischen Hürden und so ist ein Unternehmen in 45 min angemeldet. Abmahnungen gibt es in Hongkong nicht, auch das ist gegenüber Deutschland ein klarer Vorteil. Ich sitze in Hongkong an der Quelle und als Profi in der Szene kenne ich mich mit den Anforderungen deutscher

Händler aus und so war es naheliegend, einen Sourcing-service für Händler anzubieten, die ihre Produkte aus China beziehen wollen.

Händler, die aus Asien verschicken, sind vielen deutschen Händlern ein Dorn im Auge, aber so einfach, wie es von Deutschland aus aussieht, ist es gar nicht, von Asien aus bei eBay zu handeln. Mit welchen Problemen hast Du als Händler aus Hongkong zu kämpfen?

Meine eigenen Aktivitäten bei eBay habe ich stark zurückgefahren, denn so einfach, wie es aussieht, ist es tatsächlich nicht, von Hongkong aus nach Deutschland zu verkaufen.

Zuerst einmal kauft der deutsche Kunde bei Händlern aus Asien nur über den Preis. Eine Beratung ist nicht möglich.

Durch den Weltpostvertrag ist der Versand von Sendungen bis 100/150 g teilweise günstiger als der Versand innerhalb von Deutschland, aber alles, was darüber liegt, ist für den Versand zu teuer. Zudem sind die Käufer bei Produkten, die mehr als 100 $ kosten, sehr zögerlich.

Ein großes Problem sind auch die PayPal-Gebühren, denn das PayPal-Konto wird in der Landeswährung geführt und durch den schlechteren Wechselkurs, den PayPal zugrunde legt, verliert man bei jeder Transaktion Geld. Dazu kommt, dass die Gebühren für internationale Transaktionen teurer sind und mit bis zu 4,4 % zuzüglich PayPal-Pauschale zu Buche schlagen.

Eine weitere Hürde sind die eBay-Limitierungen. In den ersten 30 Tagen dürfen maximal 100 Artikel eingestellt werden und der Anteil an neutralen und negativen

Bewertungen darf höchstens 2 % betragen. Zusätzlich sind einige Kategorien für Verkäufer aus China grundsätzlich limitiert. Kategorien, die eBay als risikoreich eingestuft.

In den ersten sechs Monaten muss man jeden Monat bei eBay anrufen, um eine Erhöhung der Limits zu beantragen. So dauert es mindestens sechs Monate, bis man einen Bereich erreicht hat, indem man überhaupt erst anfangen kann, Geld zu verdienen. eBay hat einige Schutzmechanismen eingebaut und legt bei Verkäufern aus China härtere Maßstäbe an als bei Verkäufern aus Deutschland. Für kleinere Händler mit wenig Kapital sind das schwere Startbedingungen.

Bei kapitalkräftigen Händlern oder Herstellern sieht das anders aus. Viele unterhalten in Deutschland ein Lager, von dem aus sie verschicken. Kleine Händler aus Hongkong können sich das gar nicht leisten, denn aus Deutschland verschicken die Händler, die in Deutschland ein Lager unterhalten, Artikel, die 30 bis 200 $ kosten und komplett vorfinanziert werden müssen. Oder große Händler aus Hongkong nutzen die deutschen Lager, um Überkapazitäten oder Restposten zu verkaufen – dann natürlich zu Preisen, bei denen ein deutscher Händler nicht mithalten kann.

Hier muss man sich allerdings die Frage stellen, wie sie die Artikel einführen. Zahlen sie zum Beispiel Einfuhrumsatzsteuer?

Die chinesischen Händler haben den deutschen Händlern gegenüber den Vorteil, dass sie in Deutschland nicht steuerpflichtig und auch keinem Abmahnungsrisiko ausgesetzt sind. Allerdings ist auch der Zoll mittlerweile aufmerksam geworden und beginnt damit, diese Lager zu kontrollieren. Grundsätzlich ist das ein eBay-Problem, denn der Käufer sieht bei dieser Konstellation nicht sofort, dass er eigentlich Ware von einem Händler aus China kauft, weil als Artikelstandort Deutschland angegeben ist. Für Käufer hat das den Nachteil, dass er keine Gewährleistungsansprüche hat, keine Rechnung inkl. MwSt. und auch keinen Telefonsupport erhält.

Auf der anderen Seite ist es für deutsche Händler gar nicht so schlecht, wenn die chinesischen Händler Kunden abfangen, die nur billig kaufen wollen. Oft sind das die Kunden, mit denen der Händler den größten Stress hat.

Ich selbst habe nur noch einige wenige Angebote online, primär, um up to date zu bleiben.

Welche Herausforderungen treten auf, wenn deutsche Händler Ware aus Hongkong/China importieren wollen, und wie kannst Du dabei helfen?

Hongkong ist ein Dienstleistungsstandort, die Ware gibt es in Asien.

Das Hauptproblem sind die EU-Regelungen. Die Chinesen passen die Ware nicht entsprechend an, weil sie die Regelungen gar nicht kennen. So sind zum Beispiel manche CE-Zertifikate gar nicht für das eigentlich gekaufte Produkt ausgestellt.

Ein großes Problem ist die chinesische Mentalität, die sich sehr deutlich von der deutschen Mentalität unterscheidet.

In China arbeiten sehr viele Frauen im Verkauf, weil sie besser Englisch sprechen als die Männer, allerdings sind es die Männer, die Entscheidungen treffen, und so gestalten sich Preisverhandlungen oft recht schwierig. Dies gilt insbesondere auch für den Austausch von Reklamationen.

Ich verfüge über ein sehr großes Netzwerk und eine langjährige Erfahrung und weiß, welche Probleme auf deutsche Händler zukommen, die in China einkaufen. Das beginnt mit den Preisverhandlungen und Zahlungsvereinbarungen, geht über die Mengenproblematik und die Versandmodalitäten bis hin zur Qualitätskontrolle. So kann ich zum Beispiel Bestellungen mehrerer Händler bündeln, um bessere Versandpreise zu erzielen. Ich kann Fabriken vor Ort besuchen und die Qualität der angebotenen Ware prüfen. Dabei geht es nicht immer um den besten Preis, sondern auch darum, den zuverlässigsten Lieferanten zu finden. Ich arbeite mit Muttersprachlern zusammen, was die Preisverhandlungen und die Verhandlungen um die Frachtkosten durchaus positiv beeinflussen kann.

Ich kenne die Probleme, mit denen deutsche Händler sich herumschlagen müssen. Deutschland ist nicht nur ein Land mit vielen Vorschriften, Deutschland ist auch ein Land, in dem sehr viel stärker als in anderen EU-Ländern kontrolliert wird, ob die Vorschriften auch eingehalten werden. Ich kenne kein anderes europäisches Land, in dem so viel abgemahnt wird wie in Deutschland.

Wenn man in China aus Unkenntnis einen Artikel kauft, der nicht den deutschen Richtlinien entspricht, und dieser Artikel aus dem Verkehr gezogen wird, kann das verheerende Folgen haben. Ich versuche, das Risiko von Fehlimporten zu minimieren.

Welche Tipps kannst Du deutschen Händlern geben, die mit dem Import starten wollen?

Ich würde jedem Händler raten, eine Produkthaftpflichtversicherung abzuschließen. Neben patentrechtlichen Problemen können auch Probleme mit dem Produkt auftreten, die unter Umständen sogar Schadensersatzforderungen nach sich ziehen.

Ein Tipp, den ich jedem Händler geben würde: Geben Sie den korrekten Warenwert an. Die Chinesen neigen dazu, den Warenwert für den Versand deutlich niedriger zu deklarieren, und das kann verhängnisvolle Folgen haben. In einigen Fällen gab es bereits Nachkontrollen und die deutschen Händler mussten die Einfuhrumsatzsteuer in teilweise empfindlicher Höhe nachzahlen. Natürlich bekommen sie die Einfuhrumsatzsteuer wieder erstattet, aber hohe Nachzahlungen, mit denen man nicht gerechnet hat, belasten zunächst einmal die Liquidität.

Ich würde jedem Händler raten, bei der ersten Bestellung kleine Mengen zu bestellen und einen Totalschaden einzukalkulieren. Lassen Sie die Kunden die Ware erst einmal drei Monate testen und wenn dann keine Reklamationen kommen, können Sie nachbestellen. Es ist immer schwierig, Ware nach China zu retournieren, weil die Frachtkosten höher sein können als der Warenwert.

Jeder Händler sollte sich zudem mit der Frage beschäftigen, ob er eine eigene Marke anmeldet und ob er Artikel mit zusätzlichen Features anbietet, um sich vom Wettbewerb zu unterscheiden. Bei manchen Artikeln bietet es sich an, ein Zusatzteil anzubieten, das im Einkauf nur wenige Cent kostet, das Angebot dann aber einzigartig macht. Auch hier kann ich mit meiner Einkaufsagentur beratend zur Seite stehen.

Was denkst Du, wie sich der Handel bei eBay in Zukunft entwickeln wird? Werden immer mehr chinesische Händler die deutsche Plattform mit ihren Produkten fluten?

Bei eBay gibt es mehrere Baustellen, die bearbeitet werden müssen.

So ist das Google-Ranking um ca. 30 % eingebrochen und eBay muss Maßnahmen ergreifen, um bei Google im Ranking wieder zu steigen. Mit dem „Herbst-Update 2015" hat eBay diese Maßnahmen angekündigt.

International spielt eBay eine sehr viel größere Rolle als Amazon, zum Beispiel in wichtigen Märkten wie Russland oder Südamerika. Aber um dort den Vorsprung zu festigen, ist es wichtig, dass eBay ein gutes Google-Ranking hat.

eBay muss sich auf die Vorteile konzentrieren, die es gegenüber Amazon hat. Ich denke da zum Beispiel an die Möglichkeit, Auktionen ab einem Euro zu starten oder auch an seltene Produkte, die es traditionsgemäß nur bei eBay gibt.

eBay darf die privaten Verkäufer nicht aus den Augen verlieren, denn sie sind für die Plattform wichtig und das nicht nur als Verkäufer, sondern auch als Käufer. Das „Herbst-Update 2015" geht da in die richtige Richtung.

Die Lagerchinesen mit Standort Deutschland werden in der Zukunft Probleme mit dem Zoll bekommen. Allerdings wird für jeden Chinesen, der geht, ein neuer kommen. eBay unterstützt die Chinesen und bietet in Hongkong und China Seminare an, um die Chinesen für den internationalen Verkauf fit zu machen. Die Chinesen haben zwar nur sehr kleine Margen, bieten aber sehr viele Artikel an und können so die Mängel schneller ausgleichen.

Insgesamt bieten die Chinesen in Deutschland bisher verhältnismäßig wenige Artikel an, weil der Verkauf in Deutschland für sie viel komplizierter ist als beispielsweise in Großbritannien, Australien oder in den USA. So gibt es zum Beispiel bei eBay Deutschland die Regel, dass Artikel nicht mehr als 21,99 kosten Euro dürfen. eBay hat diese Grenze eingeführt, vermutlich um keine Datensätze an den Zoll übergeben zu müssen und die Käufer vor Nachzahlungen zu schützen. Diese Grenze wird jedoch ausgehebelt, denn bei Varianten ist diese Einschränkung bereits erfüllt, wenn das billigste Angebot unterhalb des Grenzpreises liegt. Ferner kann man als China-Verkäufer Versandkosten in unbegrenzter Höhe angeben.

Wie schätzt Du die Zukunft von eBay ein?

eBay muss sich wieder stärker auf seine Alleinstellungsmerkmale konzentrieren und zum Beispiel Auktionen wieder stärker hervorheben. Gerade im Bereich Sammlerartikel ist eBay konkurrenzlos und diese Stärke muss eBay nutzen.

Auch international ist eBay sehr viel besser aufgestellt als Amazon und muss dieses Potenzial in Schwellenländern wie zum Beispiel Brasilien, Indien, Russland oder auch in der Türkei nutzen.

eBay muss sich auch wieder etwas mehr und um die kleineren und mittleren Händler bemühen, denn eBay hat in der Vergangenheit viele kleine Händler vertrieben, weil eBay kein verlässlicher Partner mehr war.

Großen Marken wie der Media-Saturn-Gruppe fehlt das eBay-Know-how und sie werden bei eBay immer an die Grenzen stoßen und sich bei eBay nie perfekt aufstellen können. Mit einer Stärkung der kleinen und mittleren Händler könnte eBay sehr viel mehr erreichen, als mit der Fokussierung auf einige, wenige große Händler, die eBay eines Tages vielleicht doch den Rücken kehren, wie es in der Vergangenheit oft der Fall war.

eBay wird es auch in zehn Jahren noch geben, denn gerade für Käufer, die nicht in Ballungsgebieten wohnen, ist die Möglichkeit, online einkaufen zu können, unverzichtbar geworden.

Andreas Voswinckel, Geschäftsführer Limal GmbH: „eBay hat es nicht nötig, Amazon hinterherzulaufen."

Andreas Voswinckel ist Gründer und Geschäftsführer der Limal GmbH (www.limal.de) in Neumünster. Auch wenn die Limal GmbH mit verschiedenen Accounts bei eBay vertreten ist und ganz oben in der Liga der eBay-Umsatzmillionäre spielt, ist Limal kein klassischer eBay-Powerseller, sondern ein Verkaufsdienstleister, der keine eigene Ware bei eBay verkauft. Limal ist auf den Verkauf, die Verkaufsabwicklung und deren Logistik über alle gängigen Internet-Vertriebswege spezialisiert und betreibt für Unternehmen aus Handel und Industrie „Online-Multi-Channeling".

Du gehörst heute zu den erfolgreichsten Verkäufern bei eBay, allerdings war Dein Start bei eBay ein wenig holprig.

Meine erste Berührung mit eBay hatte ich im Jahr 2000, als ich an der Koordination des eBay-Treuhandservices beteiligt war.

Von 2001-2003 habe ich mit meinem Unternehmen Virtuallog die ersten Erfahrungen als eBay-Dienstleister gesammelt, nur leider musste Virtuallog 2003 Insolvenz anmelden.

Ich habe damals die Gründe, die für das Scheitern von Virtuallog verantwortlich waren, sehr kritisch analysiert und konnte dank meiner Erfahrungen und meiner bereits aufgebauten Geschäftsbeziehungen 2003 erneut bei eBay starten und damit dann den Grundstein für ein heute sehr erfolgreiches Unternehmen legen.

Siemens gehörte vor der Insolvenz zu meinen Hauptkunden und als Virtuallog Insolvenz anmelden musste, habe ich mich mit Siemens zusammengesetzt und ihnen eine gute und eine schlechte Nachricht überbracht:

Die schlechte war, dass sie durch die Insolvenz von Virtuallog Geld verlieren würden, die gute war, dass ich gestärkt durch meine Erfahrungen in der Virtuallog mit der Limal GmbH ein neues Unternehmen aufbauen würde und auch in Zukunft als Fullservice-Provider zur Verfügung stehen würde.

Siemens wollte eBay damals anonym als Verkaufsplattform nutzen, vor allem, um große Mengen an B-Ware, Rückläufern und Auslaufmodellen zu verkaufen, allerdings war es Siemens wichtig, die Kontrolle über die Preise, den Auftritt und den Verkauf zu behalten.

Der Verkauf über eine Vielzahl von Powersellern oder an klassische Aufkäufer kam damit nicht infrage und so war ich als Verkaufsdienstleister wieder im Boot.

Bei unserem letzten Interview 2012 hattet ihr mehr als 10.000 Artikel auf eBay eingestellt, Euer Lager in Neumünster hatte 15.000 qm und mehr als 50 Mitarbeiter haben für Euch gearbeitet. Wie haben sich die Zahlen seit 2012 entwickelt?

Aktuell haben wir über 40.000 verschiedene Artikel am Lager. Unsere Lagerflächen sind von 15.000 qm auf über 25.000 qm gewachsen und wir beschäftigen heute 80 Mitarbeiter und zahlreiche Zeitarbeitskräfte.

2012 seid Ihr bei eBay das Unternehmen gewesen, das die meisten eBay-Markenshops betrieben hat. Hat sich daran etwas geändert?

Die Markenshops haben uns damals zu unserem Durchbruch verholfen, denn sie standen für das steigende Selbstbewusstsein der Marken, eBay als Verkaufsplattform zu nutzen. Heute haben die Markenshops bei eBay an Bedeutung verloren. Wenn der Kunde heute eine Waschmaschine im Bauknecht-Markenshop kauft, sagt er nicht, dass er die Waschmaschine bei Bauknecht gekauft hat, er sagt, dass er sie bei eBay gekauft hat.

Neben den Markenshops setzen wir heute verstärkt auf das autorisierte Händlerprogramm und integrieren die Marken auf unseren Hauptaccounts:

„LIMAL"
(http://stores.ebay.de/LIMAL)
„LIMAL-Fashion"
(http://stores.ebay.de/LIMAL-Fashion)
„LIMAL-Living"
(http://stores.ebay.de/limal-living)
„LIMAL-Autoteile"
(http://stores.ebay.de/limal-autoteile)

Unsere Limal-Accounts sind heute wie ein Kaufhaus, in denen sich Marken als Shop-in-Shop positionieren können. Das Cross-Selling innerhalb unserer Angebote ist auf die jeweiligen Markenangebote abgestimmt und so werden auf den Angebotsseiten weitere Produkte des jeweiligen Markenherstellers beworben.

Unser Sortiment ist heute kaufhausfähig – der Kunde kann bei uns die verschiedenen Marken kaufen, die dann alle zusammen in eine „Limal-Tüte" gepackt werden.

2012 lag Euer Fokus ganz klar auf eBay. Hat sich daran etwas geändert?

Früher lag der Fokus zu 100 % auf eBay und das hat sich verändert. Wir haben in der Vergangenheit primär mit Restposten, B-Waren und Überhängen gehandelt, heute betreiben wir zusätzlich ein Sortimentsgeschäft unserer Mandanten. Unsere Mandanten wollen nicht mehr nur bei eBay handeln, sie haben den E-Commerce in seiner Gesamtheit im Visier.

Unser Geschäft steht heute auf drei Säulen:

Nach wie vor bildet das Marktplatzgeschäft eine starke Säule. Wir sind neben eBay heute auch stark bei Amazon und auf anderen Marktplätzen.

Mit dem Unternehmen Tradizio (http://www.tradizio.de) haben wir eine weitere Säule für diejenigen aufgebaut, die primär den Verkauf über einen eigenen Onlineshop im Visier haben, den wir über die Tradizio aufbauen und betreiben.

Unsere dritte Säule ist die Logistik.

Wir haben gemerkt, dass gerade kleine Händler ab 500 Paketen im Monat irgendwann an ihre Grenzen stoßen, wenn sie ihre Logistik noch selber betreiben. Für Logistiker wie DHL oder Hermes sind sie aber oft zu klein, um interessant zu sein, und da kommen wir ins Spiel. Für unsere Fulfillment-Dienstleistung haben wir heute bereits 30 % unseres Lagers reserviert.

Damals habt Ihr euch viel von Rakuten versprochen – wie hat sich das entwickelt?

Rakuten hat m. E. viele Fehler in Deutschland gemacht und sich nicht so entwickelt wie erhofft, allerdings sehe ich bei Rakuten nach wie vor sehr viel

Potenzial. Der Start in Deutschland war sicher nicht ideal und mit halbherzigen Lösungen ist man in Deutschland gegen starke Player wie eBay und Amazon nicht konkurrenzfähig. Wenn aber das Deutschlandgeschäft bei Rakuten in Japan in den Fokus gerät, dann kann Rakuten eine starke Plattform werden.

Würdest Du sagen, dass eBay Euer Sprungbrett war?

Ganz klar ja. Wir haben aus dem eBay-Geschäft 120 Mandanten gewonnen und konnten die Infrastruktur für unsere Logistiksparte damit weiter aufbauen.

Bei unserem letzten Interview 2012 war die Antwort auf die Frage: Welche Plattform ist die „beste Plattform" für Onlinehändler? Ganz klar eBay! Hat sich daran etwas geändert?

Es wird nicht einfacher, auf eBay zu handeln, allerdings hat man bei eBay sehr viel mehr Marketingmöglichkeiten als bei Amazon und vor allem steht man selber nicht mit dem Marktplatzbetreiber im direkten Wettbewerb, wie das oft bei Amazon der Fall ist.

Was ist aus Euren internationalen Expansionsplänen geworden? 2012 war neben einer schon bestehenden Niederlassung in Prag, England, Frankreich und Italien im Gespräch.

Die Niederlassung in Prag haben wir verkauft, weil der Synergieeffekt nicht wie erhofft war.
Dafür haben wir vor 3 Jahren die LIMAL (UK) Ltd. In England gegründet.

Im internationalen Handel liegt viel Potenzial, aber hier müssen noch einige Stellschrauben angepasst werden. Ich denke da z. B. an die Paketpreise für den Versand ins Ausland. Es macht keinen Sinn, einen Kopfhörer in Frankreich zu verkaufen, wenn der Kunde dafür 8 Euro Porto bezahlen muss, während der Versand innerhalb von Deutschland kostenlos angeboten werden kann.

Über die Zusammenarbeit mit Neteven sind wir bald auf allen führenden Marktplätzen in den wichtigen Ländern Europas aktiv.

Haben große Marken und Hersteller noch immer Vorbehalte gegenüber eBay? Sind sie offener für Amazon?

Die Vorbehalte gegenüber eBay und Amazon unterscheiden sich. Amazon ist schwieriger zu kontrollieren und es besteht immer die Möglichkeit, bei Amazon Konkurrenz aus dem eigenen Lager zu bekommen. Das drückt auf die Preisstruktur. Der Trend kehrt sich gerade um und die Vorbehalte eBay gegenüber nehmen ab. Natürlich sind nach wie vor Vorbehalte da, aber es gibt kaum Alternativen. eBay muss kämpfen, aber der Umbau funktioniert.

Gibt es für Dich bei eBay noch den Spaßfaktor oder ist eBay reines Business geworden? Wenn ja, was macht Spaß?

Mir macht mein Geschäft insgesamt sehr viel Spaß, das würde ich nicht an eBay festmachen. Allerdings habe ich natürlich Spaß an eBay, wenn z. B. ein WOW! Deal von uns durch die Decke geht. Manchmal gibt es auch Produkte, für die eBay der ideale Marktplatz ist. Gerade hatten wir z. B. 3er Sitzbänke von Lufthansa aus dem Airbus A320 im Angebot, die wir gut verkauft haben, und ja, das macht dann Spaß und ist immer wieder was Besonderes!

Solange man Ware nicht beamen kann, bin ich gut aufgestellt und habe Spaß am Geschäft.

Was gefällt Dir an eBay weniger, was müsste eBay ändern?

eBay muss sich als ernst zu nehmender, stabiler Marktplatz etablieren und das Schmuddelimage völlig abstreifen.

eBay ist auf einem guten Weg, aber noch ist Amazon Herr aller Dinge. Wenn jemand ein bestimmtes Produkt sucht, dann geht er zu Amazon, gibt das Produkt in die Suche ein, findet den Artikel auf den ersten Blick, kauft und damit ist die Angelegenheit erledigt.

eBay müsste also zunächst einmal die Suche verbessern und muss Käufer abholen, die einfach nur stöbern wollen. eBay ist gut für Käufer, die keine hohe Markenaffinität haben und nicht genau wissen, was sie eigentlich suchen. Das Stöberverhalten muss forciert und kanalisiert werden, damit der Kunde auch bei eBay schnell das passende Produkt findet.

eBay muss aber auch aufhören, sich an Amazon zu orientieren, und sich auf die eigenen Stärken konzentrieren. eBay hat es nicht nötig, Amazon hinterherzulaufen.

eBay hat eine starke Community und eine hohe Verweildauer. Das sind Assets, auf die eBay sich konzentrieren sollte.

eBay generiert schätzungsweise 1 Milliarde USD Umsatz mit den Chinesen in Europa, die weder einen Top-Verkäuferstatus erhalten noch eine eBay-Garantie anbieten können. Die Chinesen stellen keine Rechnungen aus und bieten keine richtige Gewährleistung an. Das führt immer wieder zu unzufriedenen Käufern und das muss sich als Nächstes ändern. Wir werden dabei helfen, indem wir nach China gehen und die Händler dort abholen. Wir werden unsere Infrastruktur nutzen, um den Verkauf aus China zu professionalisieren und wir werden dafür sorgen, dass der deutsche Käufer eine ordnungsgemäße Rechnung inklusive Umsatzsteuer erhält und auch in seinen Gewährleistungsrechten nicht schlechter gestellt ist, als wenn er bei einem deutschen Händler einkauft.

Wie schätzt Du den eBay-Wandel aus Sicht eines Verkäufers ein?

Für eBay war es wichtig, die Händler zu Top-Leistungen anzutreiben. Auch wenn viele Verkäufer die Bandagen als zu hart empfunden haben, so waren diese Maßnahmen notwendig. Mit der Einführung des Mängelsystems ist eBay in die richtige Richtung gegangen, auch wenn es für viele Verkäufer ein harter Aufprall war. Die angekündigten Änderungen für 2016 werden viele Verkäufer wieder mit eBay versöhnen, weil dann keine Mängel mehr ins System spielen, die objektiv keine Mängel sind. eBay hat diesen Ramschcharakter bekommen, weil jeder machen konnte, was er wollte. Die Einstiegshürde bei eBay ist sehr niedrig angesetzt. Jeder kann problemlos anfangen, bei eBay zu verkaufen, und manche Händler müssen erst lernen, dass es im eBay-Handel Spielregeln gibt, an die man sich halten muss.

Wer schlechte Produktqualität oder schlechten Service abliefert, wird in der Suche nach hinten sortiert. Wer wieder nach oben will, muss einen Lernprozess durchmachen und sich Schritt für Schritt wieder nach oben arbeiten.

eBay konnte für seine Händler lange nicht die Hand ins Feuer legen und nun wurden die windigen Händler von eBay zwar nicht rausgeschmissen, aber sie sind in der Suche so weit nach hinten gerutscht, dass sie quasi unauffindbar waren, und das war der richtige Weg.

Lohnt es sich aus Deiner Sicht heute noch, ein eBay-Business aufzubauen, und was würdest Du einem eBay-Newcomer heute raten?

Chancen gibt es auch heute noch, wenn Newcomer sich dort positionieren, wo Bedarf ist.

Wer heute neu anfängt, muss von sich von Anfang an fokussieren und auf Qualität setzen.

Für Bauchladenhändler kann es besser sein, von Anfang an auf einen starken Partner wie Limal zu setzen, anstatt sich selbst abzumühen und einen Gemischtwarenladen aufzubauen.

Chancen sehe ich für Händler, die sich spezialisieren oder auf Nischen stoßen, die es immer wieder geben wird.

Ich würde auch jedem raten, sich nicht auf eine Plattform zu beschränken, sondern von Beginn an auf Multichanneling zu setzen. Heute muss man sich nicht als reiner eBay-Händler, sondern als E-Commerce-Händler etablieren.

Und wer in fünf Jahren noch erfolgreich bei eBay verkaufen will, muss mit der Zeit gehen, denn wer sich nicht an die sich ständig ändernden Anforderungen des

Marktplatzes und der Käufer anpasst, wird in fünf Jahren bei eBay nichts mehr verkaufen.

Wie schätzt Du die Zukunft von eBay ein?

Zunächst einmal muss ich sagen, dass ich enttäuscht über die Entwicklung bin, die eBay in den letzten Monaten durchgemacht hat. Mir hat der „eBay Inc. Gedanke" sehr gefallen, durch die verschiedenen Satelliten wie eBay Enterprise, PayPal, Magento usw. zum kompletten E-Commerce-Dienstleister zu werden, nur leider hat es nicht funktioniert.

In den nächsten Jahren wird eBay sich also auf das reine Marktplatzgeschäft zurückfokussieren und das wird vielleicht auch Übernahmemöglichkeiten bieten.

Wenn man über mögliche Kandidaten nachdenkt, kommen in der Regel Alibaba oder Rakuten ins Spiel: Alibaba hat aber noch sehr viel Eigenpotenzial im Binnenmarkt, das erst einmal ausgeschöpft werden muss, und Rakuten hat in Deutschland keinen perfekten Start hingelegt, allerdings verfügt Rakuten über eine volle Kriegskasse.

So oder so: Die Marke eBay wird es immer geben.

Mark Steier, Betreiber wortfilter.de: „Dank eBay bin ich Millionär geworden."

Mark Steier war in seiner aktiven eBay-Zeit größter Verkäufer bei eBay Motors. Sein Plan, sich mit 45 Jahren zur Ruhe zu setzen, stand von Anfang an fest und an diesen Plan hat er sich konsequent gehalten. Seit 2012 ist er Privatier, allerdings gilt das nur für das operative eBay-Geschäft. 2015 hat er das Portal „wortfilter.de" (www.wortfilter.de) von seinem Vorgänger Axel Gronen übernommen, der sich im Dezember 2014 das Leben genommen hatte. Die Seite „Wortfilter" wurde nach dem eBay-Wortfilter benannt, den es 2002, als Axel die Seite ins Leben gerufen hat, bei eBay noch gab.

So konnte es früher z. B. durchaus zu Problemen führen, wenn man bei eBay einen Ca**fetisch** einstellen wollte, weil dieses Wort das Wort „fetisch" enthält und der eBay-Wortfilter Alarm geschlagen hat. Schlug der Wortfilter Alarm, konnte das dazu führen, dass man einen Artikel bei eBay gar nicht einstellen konnte.

Axel war eine feste Größe in der eBay-Szene. Durch sein Portal und seine über die Jahre gewachsene Vernetzung mit der eBay-Community hat er sich täglich intensiv mit eBay auseinandergesetzt und ein enormes Wissen über eBay angehäuft. Sein Tod hat eine Lücke hinterlassen und Mark hat es sich zur Aufgabe gemacht, diese Lücke zu füllen. Mit dem Wortfilter hat Mark eine aktive Facebook-Community übernommen und so ist er wieder zurück im eBay-Geschehen.

Wann hast Du bei eBay angefangen zu verkaufen?

2001 habe ich als kleiner Verkäufer bei eBay angefangen, 2003 bin ich dann durchgestartet. Ich hatte eine Zylinderschleiferei und einen Großhandel für Autoteile. So bin ich zu eBay gekommen.

2008 bist Du mit 10.000 Produkten und einem Monatsumsatz von 210.000 Euro und einer Abverkaufsquote von 5 % die Nummer 1 im Bereich Motors gewesen. Die heutige Nummer 1 ATP-Autoteile hat heute 80.000 Produkte im Angebot und macht mit einer Abverkaufsquote von 86 % einen Monatsumsatz von 3,2 Mio. Zeigen diese Zahlen die Veränderung, die insgesamt bei eBay stattgefunden hat?

Natürlich hat bei eBay im Laufe der Jahre vor allem auf der Seite der Händler eine Professionalisierung stattgefunden und das sieht man dann auch bei Händlern wie ATP, denn der Erfolg von ATP ist ein strategischer Erfolg. ATP hat eine extrem gute Sortimentskenntnis, gute Preise und ein gutes Sortiment und diese Mischung führt bei eBay zum Erfolg.

Durch Eigenimporte, Marktbeobachtung, Repricing-Tools und die hohe Automatisierung ist der Handel auf eBay heute sehr viel professioneller geworden, als er noch vor ein paar Jahren war.

Was war das Geheimnis Deines Erfolges?

Ich habe von Anfang an auf Automatisierung gesetzt. So haben wir am Anfang die „End of Auction"-

Mails geparst (= ausgelesen) und haben uns später bei Afterbuy die Kaufabwicklung abgekupfert. Wir haben den ersten Repricer entwickelt und unsere Konkurrenz damit in den Wahnsinn getrieben. Wir haben als erster Verkäufer das katalogbasierte Listing genutzt und haben zusammen mit eBay die Fahrzeugverwendungsliste entwickelt, mit der Verkäufer die angebotenen Teile den richtigen Autos zuordnen konnten.

Was hat Dir bei eBay Spaß gemacht? Was hat weniger Spaß gemacht?

Am meisten Spaß gemacht hat mir ganz klar das Geldverdienen. Ich habe zum Beispiel VW-Polo-Tanks importiert und damit ein Vermögen verdient.

Am wenigsten Spaß gemacht hat mir die Kundenkommunikation, die bei eBay schon eine große Herausforderung ist.

Bist Du nur bei eBay oder auch auf anderen Plattformen aktiv gewesen?

Ich habe mich immer als reinen eBay-Händler gesehen. Ich war zwar auch auf anderen Marktplätzen, wie z. B. daparto, aktiv und ich hatte auch einen eigenen Onlineshop, aber den größten Umsatz habe ich immer bei eBay generiert.

Daparto war von ehemaligen eBay-Mitarbeitern gelauncht worden und weil sie mich am Anfang gefragt haben, ob ich einige Angebote einstellen könnte, habe ich das gerne getan, aber im Grunde war Daparto für mich nicht mehr als eine Spielerei.

Wenn ich für meinen Onlineshop damals mehr in Google Adwords investiert hätte, hätte ich den Shop sicher auch deutlich weiter nach oben bringen können, aber ich habe mich lieber auf eBay konzentriert.

Du hast eine aktive Zeit als Abmahner hinter Dir und bist bei eBay auch schon der „König der Abmahnungen" genannt worden. Möchtest Du dazu etwas sagen?

Dazu stehe ich!

Ich war immer fair und ich habe nie eine Abmahnung ausgesprochen, ohne meinen Gegner kostenlos vorzuwarnen.

Bei eBay ist das Problem, dass der Markteintritt sehr einfach ist und viele die kaufmännischen Regeln nicht kennen oder sie nicht ernst nehmen. Wenn aber ein Markt funktionieren soll, müssen die Marktverhaltensregeln auch beachtet werden. Meistens waren es kleine Händler, die sich einen Wettbewerbsvorteil verschaffen wollten, weil sie sich nicht an die Regeln gehalten haben. Manchmal ist es vielleicht auch Unwissen. Ich war immer fair und habe zunächst eine kostenlose Vorwarnung verschickt. Schon diese kostenlose Vorwarnung hat bei mir Kosten verursacht, weil ich sie über meinen Anwalt verschickt habe. Mir wurde 3 x Rechtsmissbrauch vorgeworfen und in allen drei Fällen konnte ich diesen Vorwurf entkräften, weil ich beweisen konnte, dass Geld an meinen Anwalt geflossen ist. Wenn die angeschriebenen Mitbewerber auf mein Schreiben nicht reagiert haben, dann musste ich davon ausgehen, dass sie es mit Absicht machen, und dann habe ich, um meine Margen und meine Investitionen zu schützen, reagiert.

Mir gefällt die vom Händlerbund initiierte „Fair Commerce"-Initiative bei der teilnehmende Händler sich verpflichten, den Gegner vor einer Abmahnung kostenlos vorzuwarnen.

Ich bin übrigens ein sehr sozial eingestellter Mensch und habe die Einnahmen aus den Vertragsstrafen an ein Kinderheim gespendet, das davon einen Computerraum finanziert hat.

2012 hast Du bei eBay aufgehört. Fehlt es Dir manchmal, bei eBay aktiv zu verkaufen?

Der Handel auf eBay fehlt mir nicht, für mich persönlich ist es ein enormer Gewinn, nicht mehr handeln zu müssen und keinen Zwängen unterworfen zu sein. Das bedeutet für mich Lebensqualität pur.

Mein Ziel war es immer, mit 45 Jahren Millionär zu sein und mich dann aus dem operativen Geschäft zurückzuziehen, und dieses Ziel habe ich dank eBay erreicht.

2007 hätte ich einen großen Kredit aufnehmen können, um weiter zu wachsen, und dann wäre ich heute bei eBay Motors die Nummer zwei nach ATP-Autoteile. Aber ich wollte das nicht. Für mich stand schon zu diesem Zeitpunkt fest, dass ich 2012 aufhören würde. Diesen Plan habe ich immer konsequent verfolgt und am Ende auch umgesetzt.

Ich habe früh in Immobilien investiert und kann von der Vermietung gut leben. Gut leben zu können, bedeutet für mich, ein frei verfügbares Einkommen von mindestens 5000 Euro im Monat zu haben. Als ich damals aufgehört habe, habe ich das Lager abverkauft und die Firma abgewickelt. An einem Verkauf hatte ich kein Interesse, weil ich dann der Kreditgeber gewesen wäre. So habe ich die Gebäude vermietet und lebe heute davon.

Wie bist Du zu Wortfilter gekommen?

Ich war mit Heidi Kneller-Gronen, der Exfrau von Axel Gronen, schon sehr lange befreundet.

Sie hatte mich in der Vergangenheit auch teilweise als Anwältin vertreten.

Nach dem Tod von Axel hat mich zunächst der Admin der Wortfilter-Facebookgruppe gefragt, ob ich nicht Lust dazu hätte, die Gruppe mit zu administrieren, und ich habe zugestimmt.

Wenig später hat Heidi mich dann gefragt, ob ich mir vorstellen könnte, den Wortfilter zu übernehmen, und nach einer kurzen Bedenkzeit habe ich zugesagt.

Was möchtest Du mit wortfilter.de erreichen?

Durch meine Unabhängigkeit kann ich auf diplomatisches Feingefühl verzichten und klare Worte für alle Missstände finden, die mich ärgern.

Ich will erreichen, dass sich etwas ändert, und habe damit Erfolg.

So war ich z. B. maßgeblich an der Entwicklung der Initiative „Fair Commerce" beteiligt und wenn sich das durchsetzt, profitieren die Händler davon.

Ein weiteres Ziel ist es, Professionalität in die kleinen und mittleren Händler zu bringen, sie aus ihrer Komfortzone zu holen und zum Handeln zu bewegen.

In meiner Zeit als Händler musste ich einige bittere Pillen schlucken und weil man als Händler auch immer abhängig ist, muss man mit offener Kritik sehr sparsam umgehen. Das ist heute anders. Ich bin unabhängig und kann alles sagen, was ich zu sagen habe, ohne dabei Rücksicht nehmen zu müssen und ohne Konsequenzen fürchten zu müssen. Wenn Du eigene Interessen im

Kopf hast, musst Du Dir ab und zu einen Maulkorb auferlegen. In der Konsequenz kannst Du wenig bewegen. Das ist heute anders und das macht mir Spaß!

Viele Händler wirst du trotzdem nicht erreichen, weil sie sich gar nicht bewegen wollen. Wie gehst Du damit um?

Ich bekomme so viele Mails mit positiven Rückmeldungen von Händlern, die sich bedanken, weil sie es geschafft haben, dass ich über diejenigen, die ich nicht abholen kann, nicht weiter nachdenke.

Ich konzentriere mich auf die Händler, die meine Tipps annehmen und mit der Umsetzung Erfolg haben, und aus dem positiven Feedback ziehe ich meine Energie.

Du bist aber schon sehr eBay-affin, über Amazon schreibst Du bei Wortfilter selten. Bist Du nach wie vor ein eBay-Fan?

Meine Kernkompetenz liegt bei eBay. Wenn ich etwas über eBay schreibe, dann weiß ich genau, worüber ich schreibe. Natürlich sammle ich auch Erfahrungen bei Amazon, aber mein Fokus liegt ganz klar auf eBay.

Was begeistert Dich an eBay?
Wie beurteilst Du die Entwicklung, die eBay in den letzten Jahren durchgemacht hat? Was ist positiv, was ist negativ?

Ich bin eher pro eBay als anti eBay eingestellt. In meinen Vorträgen sage ich immer: „Amazon ist nicht dein Freund, eBay wenigstens ein bisschen."

eBay hat mir ein Vermögen beschert, insofern sehe ich keinen Grund, mich über eBay zu beklagen.

Allerdings finde ich, dass eBay sich seit 2008 eher zum Negativen verändert hat. John Donahoe war schlecht für eBay. Seine Ideen waren teilweise gut, aber die Umsetzung war unausgereift und fehlerbehaftet. Die Einführung der Mängelquote war zum Beispiel grundsätzlich eine gute Idee, aber sie war schlecht umgesetzt. eBay hat das Käufererlebnis viel zu stark fokussiert und dabei die Bedürfnisse der kleinen Verkäufer völlig aus den Augen verloren. Zum Glück rudert eBay jetzt zurück und bringt ab 2016 mit der neuen Berechnung der Mängelquote notwendige und großartige Änderungen. Damit geht eBay wieder auf die Verkäufer zu, ohne jedoch dabei die Käufer aus dem Blick zu verlieren. Devin Wenig beginnt nun, die Fehler, die bei eBay in der Vergangenheit gemacht wurden, zu korrigieren.

Positiv empfinde ich, dass vieles bei eBay heute einfacher geworden ist, weil man vieles automatisieren kann. Auf der anderen Seite sind natürlich einige Dinge auch schwieriger geworden.

Früher konnte man bei eBay alles verkaufen, das funktioniert heute nicht mehr. Wer heute bei eBay erfolgreich werden will, muss eine extrem gute Marktkenntnis besitzen.

Was wäre gewesen, wenn Wortfilter nicht in Dein Leben getreten wäre? Du bist ja kein Typ, der entspannt Golf spielen geht und einen ruhigen Lebensabend verbringt.

Ich hätte ein Buch über eBay geschrieben und noch einmal angefangen, Geschichte zu studieren. Für beides bleibt mir heute keine Zeit.

Wo wird eBay in 5 Jahren stehen?

Ich kann mir gut vorstellen, dass Alibaba eBay übernimmt.

Was wirst Du in 5 Jahren machen?

Ich habe meine Mitte gefunden und daher werde ich
in fünf Jahren genau das Gleiche machen wie jetzt.

Rechtsanwalt Arndt J. Nagel, IT-Recht Kanzlei München: „Die Politik sollte vor allem klare und praxisorientierte Regelungen schaffen."

Heute ist es undenkbar, ohne rechtliche Unterstützung bei eBay zu handeln. Es gibt verschiedene Anbieter, die eine rechtliche Betreuung für eBay-Händler anbieten, zu den bekanntesten gehört die IT-Recht Kanzlei in München. Rechtsanwalt Arndt J. Nagel von der IT-Recht Kanzlei in München (http://www.it-recht-kanzlei.de) hat sich meinen Fragen gestellt.

Sie haben sich auf eBay und andere Handelsplattformen im Internet spezialisiert. Seit wann gibt es die IT-Recht Kanzlei und haben Sie sich von Anfang an auf den Onlinehandel spezialisiert, oder hat sich das erst im Laufe der Zeit entwickelt?

Die IT-Recht Kanzlei wurde im Jahr 2004 gegründet. Die mittelständische Anwaltssozietät in München konzentriert sich auf hoch spezialisierte Beratung in den Bereichen des IT-Vertrags- und Vergaberechts, des Rechts des E-Commerce, des Markenrechts sowie des Internet- und Domainrechts. Der E-Commerce stellt also keineswegs den einzigen Bereich unserer Beratung dar. Im Laufe der Zeit hat er sich aber zu einem Hauptbestandteil unseres Tätigkeitsbereichs entwickelt, da es hier aufgrund der sich ständig ändernden rechtlichen Anforderungen eine hohe Nachfrage an Beratung gibt.

Welche Unterstützung bieten Sie eBay-Verkäufern an?

Ebenso wie Nutzern anderer Vertriebskanäle bieten wir auch eBay-Händlern eine fundierte rechtliche Beratung im Bereich des E-Commerce an. Neben einer einmaligen rechtlichen Überprüfung von eBay-Angeboten bieten wir auch eine dauerhafte rechtliche Betreuung im Rahmen eines sogenannten Update-Services an. Dabei wird sichergestellt, dass die von uns betreute eBay-Präsenz auch dauerhaft rechtssicher bleibt. Daneben bieten wir auch einen kostengünstigen AGB-Pflegeservice für eBay-Händler an, der sich auf die Bereitstellung von geeigneten Rechtstexten und deren dauerhafte rechtliche Pflege durch unsere Kanzlei beschränkt.

Auf meinem Blog take-me-to-auction veröffentliche ich jeden Freitag die Links der Woche und es vergeht keine Woche, in der ich nicht über neue Urteile, Gesetzesänderungen oder Abmahnwellen berichten muss. Sie weisen Ihre Mandanten aktiv darauf hin, wenn es Handlungsbedarf gibt, aber es gibt auch Fälle, in denen Sie sagen müssen, dass ein wasserdichtes Handeln gar nicht möglich ist. Das macht Händlern Angst. Ist diese Angst berechtigt?

Leider gibt es in unserer Beratungspraxis immer wieder auch Fälle, in denen wir unseren Mandanten aufgrund der rechtlichen Vorgaben keine rechtssichere Handlungsalternative für die Praxis aufzeigen können. In solchen Fällen können wir die Mandanten dann nur vor die Wahl stellen, die betreffende Maßnahme entweder komplett einzustellen oder ein gewisses Restrisiko in Kauf zu nehmen. Zwar bemühen wir uns stets – auch im Dialog mit unseren Mandanten –, eine für unsere Mandanten sinnvolle Lösung zu finden. Dies ist aber nicht in allen Fällen möglich. Andererseits ist das Risiko einer Abmahnung in einigen Fällen auch sehr überschaubar, sodass die Ängste der Händler nicht immer begründet sind. Dies hängt jedoch immer vom individuellen Einzelfall ab und kann nicht verallgemeinert werden. Letztlich muss der Händler in solchen Fällen daher eine unternehmerische Entscheidung treffen.

Spezialisierte Kanzleien wie Ihre, die auf der Seite der „Guten" stehen, gibt es wenige, dafür scheint es umso mehr Kanzleien zu geben, die sich auf Abmahnungen spezialisiert haben. Wie beurteilen Sie die Entwicklung, dass sich Abmahnungen offensichtlich auch für Rechtsanwälte zu einem lukrativen Geschäftsfeld entwickelt haben?

Leider gab es hier in der Vergangenheit immer mal wieder Auswüchse, die nicht gerade zum guten Image von Rechtsanwälten beigetragen haben. Allerdings muss man hier – gemessen an der Zahl der zugelassenen Rechtsanwälte – von Einzelfällen sprechen. Nach unserer Wahrnehmung sind solche „Abmahn-Exzesse" in der jüngeren Vergangenheit eher selten geworden, wozu vielleicht auch eine strengere Prüfung durch die Gerichte in Deutschland beigetragen hat. Unabhängig davon bleibt es natürlich auch weiterhin ein lukratives Geschäft für Rechtsanwälte, sowohl für diejenigen die abmahnen als auch für diejenigen, die gegen Abmahnungen verteidigen.

Der Händlerbund hat mit „FairCommerce" eine Initiative ins Leben gerufen, die das Ziel verfolgt, dass teilnehmende Händler sich verpflichten, vor einer Abmahnung miteinander in Kontakt zu treten und den Kontrahenten erst einmal zur Beseitigung des Fehlers aufzufordern. Kann das funktionieren und könnte das der Weg der Zukunft werden?

Vergleichbare Initiativen hat es auch in der Vergangenheit schon gegeben. Das Problem daran ist, dass solche Initiativen immer dann wirkungslos sind, wenn sich nicht alle daran beteiligen. Solche Initiativen könnten nach unserer Auffassung daher nur dann fruchten, wenn sich alle potenziell abmahnberechtigten Unternehmen daran beteiligen und diesen für den Fall der Zuwiderhandlung auch ernsthafte Sanktionen drohen würden. Dass dies in der Praxis nicht umsetzbar ist, liegt wohl auf der Hand. Im Übrigen sollte man das Instrument der Abmahnung auch nicht grundsätzlich verteufeln. Denn es bietet den Parteien ein legitimes Mittel, einen bestehenden Rechtsstreit, ohne Inanspruchnahme der Gerichte zu erledigen. Das schont die ohnehin schon überlasteten Gerichte und die Kasse der betroffenen Parteien.

Würden Sie sagen, dass es problematisch ist, dass viele Richter viel zu wenig vom Onlinebusiness verstehen und eher weltfremde Urteile fällen, die in der Realität kaum umsetzbar sind?

Das stellt sich in unserer Beratungspraxis leider immer wieder als echtes Problem heraus. Denn vielen Richtern fehlt in solchen Fällen sowohl der nötige Sachverstand als auch die Zeit, sich in teilweise doch sehr komplexe Sachverhalte einzuarbeiten. Dies führt in der Praxis dann immer wieder zu wenig praxisorientierten Gerichtsentscheidungen, die wir als Rechtsanwälte dann unseren Mandanten vermitteln müssen.

Muss hier mehr Aufklärung erfolgen und wer kann sie leisten?

Ebenso wie es Fachbereiche für Rechtsanwälte gibt, sollte es auch spezielle Fachbereiche für Richter geben. Daran mangelt es gerade in den unteren Instanzen oftmals. Fachanwälte eines bestimmten Fachbereichs müssen sich jährlich zwangsweise einer besonderen fachspezifischen Fortbildung unterziehen. Etwas Vergleichbares gibt es für Richter nicht.

Ist beim Thema Abmahnungen nicht auch die Politik mehr gefragt?

Die Politik hat in den vergangenen Jahren beim Thema Abmahnung schon mehrfach regulierend eingegriffen. Dies hat zwar punktuell zu einigen Verbesserungen geführt. Im Großen und Ganzen hat sich jedoch hierdurch nicht viel geändert.

Was würden Sie sich von der Politik wünschen?

Die Politik sollte vor allem klare und praxisorientierte Regelungen schaffen, damit es gar nicht erst zu entsprechenden Konflikten in der Praxis kommen kann. Dies gilt vor allem für den europäischen Gesetzgeber, der durch seine Gesetzgebung in der Vergangenheit immer wieder die Grundlage für rechtliche Auseinandersetzungen geschaffen hat.

Ist es in Deutschland für Händler besonders schwierig, alle gesetzlichen Vorgaben zu erfüllen, oder würden Sie sagen, dass die Einhaltung der gesetzlichen Vorgaben in allen Ländern eine ähnlich große Herausforderung für Händler darstellt?

Nach unserer Einschätzung werden Händler in Deutschland durch gesetzliche Vorgaben nicht stärker herausgefordert, als Händler in anderen Ländern. Insbesondere innerhalb der EU-Mitgliedstaaten hat in den vergangenen Jahren bereits eine weitreichende Harmonisierung von Rechtsvorschriften stattgefunden, sodass die rechtlichen Anforderungen insoweit durchaus vergleichbar sind. Allerdings wird die Einhaltung dieser Regelungen nicht in allen Ländern gleichermaßen überwacht. Hierfür ist nicht zuletzt auch das Rechtsinstrument der Abmahnung verantwortlich, welches in Deutschland zu einer Marktüberwachung durch alle Marktteilnehmer und damit zu einer sehr starken Kontrolle der Einhaltung von Rechtsvorschriften führt.

Obwohl ich viele internationale Medien zum Thema E-Commerce lese, kann ich mich nicht daran erinnern, schon einmal von erwähnenswerten Abmahnwellen in den USA oder in Großbritannien und auch nicht in anderen Ländern gelesen zu haben. Ist der Abmahnwahn ein typisch deutsches Problem?

Das mag daran liegen, dass es das Rechtsinstrument der Abmahnung, wie wir es aus Deutschland kennen, in vielen Ländern gar nicht gibt. Allerdings darf man hieraus nicht den Schluss ziehen, dass es in solchen Ländern keinerlei Kontrolle von Wettbewerb gäbe. Einige

Länder sehen bei Wettbewerbsverletzungen gar staatliche Sanktionen vor, die teilweise viel einschneidendere Folgen nach sich ziehen können als eine Abmahnung. So gesehen handelt es sich bei der Abmahnung zwar um ein typisch deutsches Problem. Es könnte aber auch schlimmer sein.

Als ich 1999 bei eBay angefangen habe, waren Abmahnungen überhaupt kein Thema. Heute kann fast jeder Händler seine eigenen Geschichten zum Thema Abmahnungen erzählen und manche Geschichten sind so absurd, dass man sie kaum glauben möchte, weil niemand damit gerechnet hat. Wird es tatsächlich immer schlimmer, oder wird eines Tages Land in Sicht sein, weil dann fast alle Fragen abschließend geklärt sind?

Natürlich wird es auch im Bereich des E-Commerce zunehmend Rechtsklarheit geben, insbesondere, wenn viele Fragen, die heute noch offen sind, höchstrichterlich ausgeurteilt sind. Allerdings darf man sich nicht der Illusion hingeben, dass es hier irgendwann keine Rechtsfragen mehr geben wird. Denn nicht zuletzt der technische Fortschritt sorgt hier immer wieder für neue Fragestellungen, die es künftig zu klären gilt.

Was waren die größten Aufreger in der Vergangenheit, an die Sie sich erinnern können?

Der größte Aufreger in unserer Beratungspraxis war bisher sicherlich die Umsetzung der Verbraucherrechte-Richtlinie zum 13.06.2014. Neben den zahlreichen Änderungen der Informationspflichten, die von den Händlern sowohl inhaltlich als auch technisch umgesetzt

werden mussten, gibt es hierzu auch heute noch zahlreiche ungeklärte Rechtsfragen, die uns in den kommenden Jahren sicherlich noch begleiten werden.

**Was sind aus Ihrer Erfahrung die größten Ab-
mahnfallen bei eBay?**

Das lässt sich so pauschal nicht beantworten.
Grundsätzlich gelten bei eBay die gleichen Regeln wie
auf anderen Online-Vertriebskanälen. Abmahnfälle bei
eBay, die immer wieder bei uns aufschlagen, sind aber
u. a. Fehler bei der Widerrufsbelehrung, Fehler bei der
Angabe von Grundpreisen oder die unzulässige Werbung mit Garantien.

**Haben Sie zum Schluss einen Tipp, den Sie On-
linehändlern mit auf den Weg geben möchten,
wenn er Abmahnungen möglichst vermeiden
möchte?**

Aus unserer Sicht bietet insoweit eine fundierte an-
waltliche Beratung von einem spezialisierten Rechtsanwalt immer noch den besten Schutz. Und selbst wenn
der Anwalt mal irren sollte, so könnte sich der betrof-
fene Händler im Wege der Anwaltshaftung bei dem
Anwalt schadlos halten.

Oliver Prothmann, Präsident BVOH: „ Wir kämpfen für einen fairen, sicheren und erfolgreichen Onlinehandel."

Oliver Prothmann ist seit 2014 Präsident des Bundesverband Onlinehandel e. V.
(http://www.bvoh.de) , der Interessenvertretung des mittelständigen Onlinehandels.

Er war von 2006-2010 bei eBay und PayPal tätig und ist heute Geschäftsführer der Applet-X GmbH, die Konzeption und Beratung rund um Marktplatzthemen anbietet.

Zudem ist er Sprecher der europaweiten Initiative „Choice in eCommerce" (http://www.choice-in-ecommerce.org/de), die gegen Beschränkungen durch einzelne Hersteller im Onlinehandel kämpft.

Wann wurde der BVOH gegründet und was sind seine Ziele?

Der Bundesverband Onlinehandel e. V. wurde 2006 in Dresden gegründet. Er versteht sich als Sprachrohr und Interessenvertreter des mittelständigen Onlinehandels. Sein Programm ist die Verwirklichung eines fairen, sicheren und erfolgreichen Onlinehandels für alle Beteiligten.

Aktuelle programmatische Ansätze sind der Kampf gegen Handelsbeschränkungen im Onlinehandel, internationales Handeln sowie der Verbraucherschutz auf europäischer Ebene.

Wie bist Du zum BVOH gekommen?

Seit über 10 Jahren pflege ich einen stetigen Austausch mit kleinen und mittelständischen Onlinehändlern in Deutschland und Europa.

Anfang 2013 hörte ich von verschiedenen Händlern, dass es ihnen nicht erlaubt sei, gewisse Waren über Onlinemarktplätze zu verkaufen. In einem von mir organisiertem Workshop habe ich die Thematik von Handelsbeschränkungen mit einem Dutzend Händlern verschiedener Kategorien diskutiert. Da einzelne Händler nicht in der Lage sind, gegen die Macht der Hersteller vorzugehen, kam uns der Gedanke, uns zusammenzuschließen, und so entstand die Initiative „Choice in eCommerce" und mein Einstieg in die Lobbyarbeit für Händler. Gestartet als Projekt aus meinem Unternehmen heraus, fand ich mit dem BVOH, den ich bestens aus meiner Zeit bei eBay und PayPal kannte, einen professionellen Rahmen, um die inzwischen europaweit aktive Initiative wachsen zu lassen.

Welche Unterstützung bietet der BVOH Händlern an?

Der Bundesverband Onlinehandel als dynamischer Verband für den kleinen und mittelständischen Onlinehandel bringt Richtung Politik und Wirtschaft die Punkte auf den Tisch, die dem freien Handel entgegenwirken. Der BVOH ist die Stimme der Marktplatzhändler und aller anderen professionellen Onlinehändler gegenüber Institutionen, die die Rahmenbedingungen für einen fairen Handel einschränken wollen.

Dies beginnt mit der rechtlichen Prüfung des Angebots des Händlers im Onlineshop und auf den Marktplätzen sowie der Bereitstellung passender AGB und Widerrufsbelehrungen für den Händler und der Unterstützung bei rechtlichen Themen wie Abmahnung.

Ein weiterer für die Händler wichtiger Teil unserer Arbeit ist das Zusammenbringen der Händler zum Meinungsaustausch. Ob bei unseren Stammtischen oder dem Tag des Onlinehandels – für die Händler ist es immer von größtem Mehrwert, sich über das Tagesgeschäft und die Veränderungen am Markt auszutauschen und neue Kontakte zu knüpfen. Dabei hilft der BVOH.

Onlinehändler empfinden die Rechtslage in Deutschland als Minenfeld. Kaum ein Händler war in der Vergangenheit nicht von einer Abmahnung betroffen. Teilweise ist rechtssicheres Handeln auf Marktplätzen gar nicht möglich. Wie beurteilst Du die Situation, was muss sich ändern und wie kann man das erreichen?

Das deutsche Recht gilt für alle in Deutschland Handel treibenden Unternehmen. Das bedeutet auch, dass die Onlinemarktplätze den Händlern eine rechtskonforme Umgebung zur Verfügung stellen müssen. Leider ist die aktuelle Situation, dass gerade auf den großen Marktplätzen Amazon und eBay ein hundertprozentiges rechtskonformes Handeln für den Händler nicht möglich ist, da die Plattformen die Voraussetzungen einfach nicht zur Verfügung stellen.

Um mehr Druck in Richtung Marktplätze aufzubauen, laufen ergänzend zu den Gesprächen mit den Marktplätzen Gespräche mit weiteren Verbänden. Leider weiß ich aus eigener Erfahrung, dass ein amerikanisches Unternehmen schwer davon zu überzeugen ist, dass Entwicklerleistung eingeplant werden muss, um etwa die Grundpreisangabe richtig zu platzieren.

Ich habe zu vielen Händlern Kontakt, die international handeln und einstimmig berichten, dass Abmahnungen primär ein deutsches Thema sind. Auch die Umsetzung der EU-Gesetze wird in Deutschland sehr viel stärker kontrolliert als in anderen EU-Staaten. Woran liegt das?

Wir versuchen in Deutschland, immer alles sehr korrekt, genau und mit hoher Qualität umzusetzen. Das bedeutet im Fall der Gesetzgebung, dass die Regelungen meist sehr umfangreich werden. Des Weiteren haben wir ein starkes Wettbewerbsrecht zur Wahrung des fairen Wettbewerbs.

Leider haben wir in Deutschland das Phänomen der rechtmäßigen und der unrechtmäßigen Nutzung der Abmahnung. Im Wettbewerbsrecht ist die Abmahnung ein nutzbarer Weg, um eine Wettbewerbsbenachteiligung entgegenzuwirken. Daher sind wir auch der Auffassung, dass das Instrument der Abmahnung ein wichtiger Bestandteil der Rechtsprechung ist. Nur wenn die Abmahnung zu einem Geschäftsmodell wird und die vereinfachte Auslesung von Daten dazu genutzt wird, sogenannte Massen-Abmahnungen zu versenden, wird aus dem sinnvollen Rechtsmittel ein Rechtsmissbrauch.

Sind eBay-Händler von Abmahnungen stärker betroffen als Betreiber von Onlineshops? Wenn ja, woran liegt das?

Bisher war das sicherlich so, aber wir merken, dass hier auch ein Wandel stattfindet. Um Abmahnungen aussprechen zu können, bedarf es einer eindeutigen Wahrnehmung des Verstoßes. Dies war in der Vergangenheit sicherlich auf der eBay-Plattform einfacher als auf anderen Plattformen. Das Suchen nach einer fehlerhaften Darstellung oder Information ist inzwischen auf allen Plattformen gleich. Ergänzend kommt hinzu, dass es aktuell bei Amazon für den Händler weitaus schwieriger ist, rechtskonform zu verkaufen. Die Plattform bietet gar nicht die Möglichkeit, etwa den Vorschriften der Grundpreisangabe gerecht zu werden, und somit verkauft jeder Händler auf Amazon nicht rechtskonform und ist abmahngefährdet.

eBay setzt sich auch in der Politik für die Händler ein und versucht, Missstände zu beheben. Ich nehme Dr. Stephan Zoll als sehr engagierten Kämpfer für eBay-Händler wahr und habe auf einigen Veranstaltungen auch das Gefühl bekommen, dass er sich tatsächlich mit den Themen auseinandergesetzt hat. Amazon scheint sich kaum zu engagieren und nimmt weniger Rücksicht darauf, mit welchen rechtlichen Konsequenzen Händler rechnen müssen, wenn es auf der Plattform zu rechtlichen Problemen kommt. Muss Amazon mehr Verantwortung für die Händler tragen und wenn ja, wie kann das durchgesetzt werden?

Es ist sicherlich richtig, dass beide Unternehmen unterschiedlich wahrnehmbar auftreten.

eBay Deutschland tritt häufiger in Erscheinung, was man der sehr guten Pressearbeit des Teams in Dreilinden zuschreiben kann. eBay nutzt die Öffentlichkeitsarbeit, beispielsweise auch mit Studien, um Medien und

Politik auf die Entwicklung des Onlinehandels und der eigenen Plattform zu informieren.

Amazon war schon immer sehr zentralistisch gesteuert und so nimmt man eigentlich nur die Veröffentlichungen aus den USA wahr.

Wenn ich mir die politische Arbeit von eBay und Amazon anschaue, dann kann ich klar feststellen, dass beide Unternehmen sehr aktiv im Hintergrund an den richtigen Stellen unterwegs sind, um die Rahmenbedingungen für den E-Commerce in Deutschland richtig zu gestalten.

Die EU-Gesetzgebung mag in vielen Fällen gut gemeint sein, ist aber leider oft an der Realität vorbeigeplant. Du engagierst Dich in Brüssel – hast Du das Gefühl, dort gehört und vor allem verstanden zu werden? Was muss sich ändern und wie hoch sind die Chancen, dass sich etwas ändert? Können Interessengemeinschaften wie der BVOH überhaupt etwas bewegen?

Ich bin mir sicher, dass wir etwas bewegen können und bewegen müssen. Was wir klar sehen, ist ein immer stärker werdender Eingriff von Politik und Gesetzgebung in den Onlinehandel.

Ich selber bin zwar erst seit Anfang 2013 mit der Gründung der Initiative „Choice in eCommerce" in die politische Arbeit eingestiegen, kann aber klar erkennen, dass die Politik in Berlin und in Brüssel dringend Informationen aus dem Umfeld von kleinen und mittelständischen Unternehmen benötigt. Die Politiker haben verstanden, dass die Handelsbranche insbesondere aus dieser Unternehmensgröße besteht, haben aber bisher fast ausschließlich die Stimmen der großen Konzerne gehört.

Mit dem Bundesverband Onlinehandel sind wir inzwischen lautstark in Berlin und Brüssel unterwegs und informieren die Politik über die Missstände und insbesondere die Folgen ihrer aktuellen Gesetzgebung. Dies ist ein mühsamer und leider langer Weg. Er muss aber gegangen werden, weil sich sonst die Rahmenbedingungen für den Onlinehandel weiter verschlechtern.

Zusätzlich gibt es neben den Konzernen weitere Interessenvertreter, die ebenfalls nur ihre individuellen den Interessen der Allgemeinheit gegenüberstellen. So haben etwa die Markenverbände einen sehr großen Einfluss, was sicher auch dem vorhandenen großen Budget geschuldet ist.

Zu den echten Problemen gehört, dass Richter das Internet noch immer als Neuland empfinden und zum Teil Urteile fällen, die gar nicht umsetzbar sind. Hier muss mehr Aufklärung erfolgen, wer kann sie leisten?

Für die Rechtsprechung sind Internet und insbesondere Onlinehandel ein sehr neues Feld. Nahezu jedes Urteil wird in diesem Zusammenhang zum ersten Mal gefällt und es gibt wenige Präzedenzfälle, die man als Grundlage für die jeweilige Rechtsprechung zugrunde legen kann.

Wir haben bereits damit angefangen, die wichtigsten Fakten zusammenzutragen und für Richter und Gerichte aufzuarbeiten. Anfang 2016 werden wir voraussichtlich erste Präsentations-Termine an deutschen Gerichten haben.

Was waren die größten Aufreger in der Vergangenheit?

2015 war sicherlich der Poststreik von Deutsche Post/DHL der größte Aufreger. Zum ersten Mal wurde sowohl der Onlinehandelsbranche, aber auch den Verbrauchern so richtig bewusst, wie stark alle vom Versand abhängig sind. Dieser Poststreik hat der Branche viel Ärger gebracht und Geld gekostet.

Als die bestellte Ware nicht am Folgetag beim Verbraucher war, wurde dem Kunden klar, wie reibungslos und schnell Onlinehandel in Deutschland funktioniert. Ein Service, der während des Poststreiks schmerzlich vermisst wurde.

Onlinehändler waren in mehrfacher Hinsicht betroffen. Der Verbraucher mahnte an, dass die bestellte Ware nicht ankommt, aber auch die Ware, die der Verkäufer einkauft, kam stark verspätet an und verursachte so ein Loch im Warenbestand. Ein weiterer Punkt waren häufiger auftretende schlechte Bewertungen durch die Kunden. Fast 60 Prozent haben aufgrund der Lieferverzögerungen durch die Post schlechtere Bewertungen bekommen. Da viele Kunden sich von den Bewertungen eines Händlers bei ihrer Kaufentscheidung leiten lassen, führt eine negative Bewertung oft zu einem merklichen Reputationsverlust mit spürbaren Auswirkungen auf den Umsatz.

Das neue Elektro- und Elektronikaltgeräte Gesetz ElektroG wird wahrscheinlich zum Aufreger 2016 werden. Neben dem stark erhöhten bürokratischen Aufwand für Hersteller und Händler wird insbesondere die Niederlassungspflicht mit allen Folgen beim internationalen Handel zu einer starken Einschränkung führen.

Der BVOH konzentriert sich nun auf die direkte Kommunikation mit Brüssel, um dem Gesetzgeber aufzuzeigen, dass die EU mit solchen Gesetzen gegen die eigenen Ziele – einfacher Binnenmarkt in der EU – arbeitet.

Welche neuen Gesetze, die uns wieder Kopfzerbrechen bereiten werden, kommen auf uns zu?

Leider müssen wir aktuell feststellen, dass die Gesetzgebung gerade im Umfeld der Umweltbehörden eine neue Qualität an Regulierungswut aufzeigt. Nach dem ElektroG/WEEE werden wir mit dem Wertstoffgesetz ein neues Regelmonster auf den Tisch bekommen. Wie beim ElektroG zeichnet sich auch hier ab, dass eine Zielerreichung nicht realistisch durch die Onlinehändler geschafft werden kann.

Die deutsche Regelung zur Sonntagsarbeit wird uns ebenfalls beschäftigen, wie auch die Tarifregelung und die Weiterentwicklung der Ausbildung im Onlinehandel.

Welchen Tipp möchtest Du eBay-Händlern zum Abschluss geben? Worauf müssen sie achten, was sind die größten Abmahnfallen bei eBay?

Der wichtigste Tipp ist die Mitgliedschaft bei einem Verband wie unserem zum Beispiel. Damit hat der Händler Zugang zu rechtlichen und wirtschaftlichen Informationen und einem engen Austausch zwischen den Händlern. Des Weiteren stärkt man durch eine Mitgliedschaft die Verbandsarbeit. Dann kann ich nur empfehlen, bei vielen Terminen wie Kongressen und Stammtischen teilzunehmen, weil ein Händler dort im

Austausch mit den Kollegen am schnellsten erfährt, was gerade im Markt passiert und, noch wichtiger, wie man damit umgehen soll.

Alexander Zacke, CEO Auctionata: „Das Geld ist vom Himmel gefallen."

Alexander Zacke war der erste deutsche eBayer, der mit dem Verkauf von Antiquitäten und Sammlerartikeln international erfolgreich geworden ist. Zu seinen Bestzeiten hat er bei eBay 2.000.000 Dollar Umsatz gemacht.

2007 hat er sich von eBay verabschiedet, um seine eigene Vision eines Online-Auktionshauses im Netz zu realisieren.

2011 hat er das Online-Auktionshaus Auctionata (https://auctionata.de) gegründet und seitdem kann er einen Rekord nach dem anderen vermelden.

Besitzer von Kunst, Antiquitäten und Sammlerstücken müssen für eine erste Schätzung bei Auctionata lediglich ein Foto des Objekts in guter Qualität einreichen und erhalten dann ein kostenloses und unverbindliches Expertengutachten mit einer Preisbewertung. Stimmt der Besitzer dem Verkauf zu, wird das Objekt im Shop oder im Onlinekatalog einer kommenden Auktion veröffentlicht. Für alle verkauften Objekte gewährt Auctionata eine Echtheitsgarantie, die 25 Jahre gültig ist. Nach dem Verkauf kümmert sich Auctionata um die Zahlungsabwicklung und den Versand – weltweit. Die Luxusobjekte, Kunstgegenstände und Sammlerstücke werden wöchentlich aus Berlin und New York versteigert und per patentierter Livestream-Technologie im Internet übertragen. Auctionata ist heute bereits nach Umsatz und Mitarbeiterzahl das größte Auktionshaus in Deutschland und will in den nächsten 18 Monaten die Nummer eins in Kontinentaleuropa werden. Für 2015 hat Auctionata das Umsatzziel von 100 Millionen Euro im Visier, der Börsengang ist für 2016 geplant.

Für Alexander Zacke, den Gründer von Auctionata, war eBay das Sprungbrett zu seiner atemberaubenden Erfolgsgeschichte und er blickt mit Dankbarkeit auf seine Zeit bei eBay zurück.

Du hast 1998 bei eBay angefangen. Lange bevor es eBay in Deutschland gab. Wie bist Du auf die Idee gekommen?

In einem Gespräch hatte ich zum ersten Mal gehört, dass ein Objekt online für viel Geld in die USA verkauft worden war. Kurz darauf bot mir jemand an, unsere Objekte zu einem Pauschalpreis zu kaufen. Wir sollten Bilder machen, die Objekte 14 Tage lang reservieren und dann würde er sie bezahlen und abholen kommen. Wir haben das gemacht und tatsächlich kam er nach 14 Tagen und hat zehn oder 15 Objekte bezahlt und mitgenommen. Eine Woche später wollte er das Geschäft wiederholen. Ich habe nachgehakt und er hat er mir dann erzählt, dass es in Amerika im Internet eine Seite gibt, auf der 100.000 Auktionen am Tag stattfinden und so habe ich eBay.com entdeckt.

Das Problem damals war, dass man noch keine eigenen Fotos hochladen konnte, und weil ich von solchen Dingen überhaupt keine Ahnung hatte, hat es mich erst mal drei Monate gekostet, herauszufinden, wie das alles überhaupt funktioniert.

Es gab damals einen Bilderservice, der die Laufzeit, in der man die Bilder bei eBay sehen konnte, auf dieselbe Länge angesetzt hatte, wie die Auktionen liefen, allerdings gab es beim Listing eine Zeitverzögerung von ca. 3 min und das bedeutete, dass man genau 3 min vor Auktionsende keine Bilder mehr sehen konnte. Das war also alles andere als ideal.

Ein eigener Server hat damals ein Vermögen gekostet, aber ich habe mich dann entschieden, einen eigenen Server zu kaufen, und nach drei Monaten hatte ich die Investitionen zurück.

Wir haben am Anfang extrem davon profitiert, dass es schon immer einen Antiktourismus von Europa nach Amerika gab.

Die typische Berliner Wanduhr hat bei uns auf dem Flohmarkt 50 DM kostet und in den USA und konntest du sie für 1500 $ verkaufen. Als ich meine erste Uhr bei eBay verkauft hatte, hat sie ein Wahnsinnsgeld gebracht und so habe ich alle Uhren aufgekauft, die ich bekommen konnte. Dasselbe habe ich mit vielen anderen Artikeln wiederholt.

Das hat 3-4 Jahre gut funktioniert, dann wurde zum einen der Wettbewerb stärker und zum anderen waren die Kunden gesättigt und nicht mehr bereit, so viel Geld zu zahlen.

Zu dem Zeitpunkt fing es außerdem an, dass die Betrugsproblematik auf eBay viele neue Kunden verschreckt hat.

1998 bist Du der erste europäische Seller gewesen, der 100.000 Dollar Umsatz im Jahr gemacht hat.

Für heutige Verhältnisse ist das nicht besonders viel, aber damals war es unvorstellbar. Ich hatte einige spezielle Artikel, zum Beispiel ein historisches Werbeschild, das bei uns mit 1000 DM schon relativ teuer war, bei eBay habe ich dafür 10.000 $ bekommen, das waren damals 25.000 DM.

Das Geld ist quasi einige Jahre lang vom Himmel ge-fallen. Das steckt jetzt alles in Auctionata. Geld zirku-liert nur, wenn man alles richtig macht.

In unserem Geschäft sind die Margen ziemlich fest, d. h., wir hatten ein grundsolides Geschäft, in dem es keine großen Überraschungen gab und plötzlich hattest du ohne nennenswerten Mehraufwand zusätzlich enorme Margen. Es war eine Goldgräberzeit.

Du bist dann viele Jahre der größte eBay-Seller weltweit im Bereich Antiquitäten gewesen und hast in Bestzeiten 2.000.000 Dollar Umsatz ge-macht. Das ist selbst für heutige Verhältnisse enorm viel!

Du darfst nicht vergessen, dass der Dollar damals sehr stark war.

Nicht alle Geschäfte sind über meinen Account ge-laufen. Ich habe auch einige Kollegen beliefert und da-mit Umsatz gemacht, sozusagen mit ihnen als Ver-kaufsagenten.

Mir war es von Anfang an wichtig, das Geschäft zu diversifizieren, damit eine Kontosperre das Geschäft nicht umbringen würde. Ich war vermutlich der erste, der andere Verkäufer auf Veranstaltungen darauf hin-gewiesen hat, wie wichtig es ist, das Geschäft vor mög-lichen Kontosperrungen durch eBay zu schützen und sich möglichst breit aufzustellen.

Wir hatten damals schon neben eBay auch Online-shops in mehreren Sprachen. Wir hatten zum Beispiel einen Shop für Kuckucksuhren in chinesischer Sprache und haben den Support über Skype abgewickelt.

Gegen 2002 kam Google Adwords auf und hat uns wahnsinnig viel Geschäft gebracht. Das war wie ein großer Goldrausch. Man konnte damals noch alles bewerben, Rolex zum Beispiel und es war überhaupt kein Problem. Es gab keine Regeln, weil alles noch am Anfang war und niemand wirklich Ahnung hatte.

Auf Google Adwords bin ich damals durch meine Schwiegermutter aufmerksam geworden. Sie ist Landwirtin und hatte bei einem Betrüger 1200 Pflanzen gekauft, die alle eingegangen sind. Die Polizei ist nicht eingeschritten und um andere zu warnen, hat sie ein Forum gelauncht, allerdings war in dem Forum nichts los. Dann war ich um 2001 auf einer eBay-Convention und dort hat jemand von Google erklärt, wie das mit Google Adwords funktioniert und ich habe das einfach mit dem Forum meiner Schwiegermutter ausprobiert. Ich habe den Namen des Betrügers genommen, habe auf den Betrug und die kaputten Pflanzen hingewiesen und die Sache eigentlich vergessen. Zwei Wochen später hat meine Schwiegermutter mir dann berichtet, dass das Forum explodiert ist und die Polizei den Betrüger verhaftet hat. In dem Moment war mir klar, dass Google Adwords funktioniert. Damals war es auch noch irre billig, Adwords zu buchen, weil es kaum Konkurrenz gab.

Woran denkst Du, wenn Du an Deine Anfangszeit bei eBay denkst?

Ich fand es extrem spannend, dass man sich weltweit mit Gleichgesinnten austauschen konnte. Das war der Beginn der Globalität. Man hat unglaublich viele schräge Vögel kennengelernt, eBay war sozusagen ein Sammeltopf für schräge Vögel, ein Tummelplatz für exzentrische, ungewöhnliche Menschen und das meine ich durchaus positiv.

Traurig ist, dass einige Wegbegleiter wie zum Beispiel Axel Gronen von wortfilter.de nicht mehr unter uns weilen, aber das ist der Lauf der Dinge.

Obwohl Du bei eBay extrem erfolgreich gewesen bist, hast Du 2005 das erste Mal darüber nachgedacht, eBay zu verlassen. Was waren die Gründe dafür?

Eigentlich habe ich das erste Mal 2003 darüber nachgedacht, eBay zu verlassen.

Ich sollte auf einer Powerseller-Convention in New York eine Rede halten. Ich hatte die Rede in Deutsch geschrieben und übersetzen lassen. Den englischen Text hatte ich zum ersten Mal auf dem Weg zum Convention-Center gelesen und habe angefangen, die Rede auszubessern. Am Schluss blieb von der Rede nichts mehr übrig und so musste ich komplett improvisieren. Auf dieser Convention habe ich dann das erste Mal gesagt, dass dieses Peer-to-Peer-Prinzip für Marktplätze ab einem gewissen Preispunkt nicht funktioniert und habe dafür donnernden Applaus bekommen.

eBay war auf dieses extreme Wachstum nicht vorbereitet. Es gab viele Probleme mit Betrügereien und die Bieter hatten Angst, bei eBay teure Artikel zu kaufen. Im ersten Jahr lag mein Durchschnittspreis bei 300 Dollar, 2002 und 2003 dann bei 1000 Dollar und dann ging es stetig bergab. Bis 2007 ist auch die Zahl der Neukunden bei eBay stetig gesunken und je mehr ich über all das nachgedacht habe, desto mehr konnte ich mich für die Idee begeistern, ein eigenes Konzept auf die Beine zu stellen. Zwei Jahre später habe ich dann damit begonnen, mich ernsthaft damit auseinanderzusetzen. Wichtig war die Entscheidung, mich von allen

Geschäften zu trennen und keine operativen Aufgaben mehr zu haben, um mich vollständig auf mein neues Konzept konzentrieren zu können.

Wann hast du bei eBay aufgehört?

Wir hatten das traditionelle Auktionshaus und eine Plattform, mit der wir unsere Shops gemanagt haben. Wir hatten sozusagen ein Back-End-System mit 40 verschiedenen Fassaden und das haben wir 2007 alles verkauft. Dann habe ich so langsam begonnen, das neue Projekt vorzubereiten.

Es hat dann noch bis 2011 gedauert, bis wir die Betaversion von Auctionata gelauncht haben. Das ist der Beginn unserer offiziellen Zeitrechnung.

Meine eBay-Accounts habe ich alle noch, also könnte ich, wenn ich wollte, morgen wieder bei eBay durchstarten.

Was wäre gewesen, wenn eBay damals nicht so viele Fehler gemacht hätte? Wärst Du bei eBay geblieben?

Ja, ich wäre dabei geblieben. Ich hätte jetzt 30 kg mehr auf der Waage und würde mit Badges behangen von Convention zu Convention reisen und würde versuchen, Leute von eBay zu überzeugen.

Ich selbst war lange Zeit überzeugt davon, dass eBay die letzte Station in meinem Berufsleben werden wird.

Allerdings bin ich eBay extrem dankbar und werde nie ein schlechtes Wort über eBay verlieren. Wenn etwas vorbeigeht, muss man am Ende eine Einnahmen-Ausgaben-Rechnung machen und entweder ist die Zahl dann rot oder schwarz. Bei eBay ist sie tiefschwarz und dafür bin ich zutiefst dankbar.

Allerdings macht es mich auch unendlich traurig, zu sehen, was aus eBay geworden ist. eBay ist heute nicht mehr das, was es einmal war.

Du sagst heute, eBay ist „eine Geschichte mit verpassten Gelegenheiten" – welche meinst Du?

Das größte Problem bei eBay ist, dass der Gründer eBay viel zu früh verlassen hat. Bei den erfolgreichen Unternehmen wie Apple oder Google siehst du, dass vorne die Leute stehen, die Leidenschaft haben und die kannst du nicht durch blutleere und leidenschaftslose Mitarbeiter ersetzen.

2005 hast Du also angefangen, Auctionata zu planen – bis dahin war es ein weiter Weg.

Am Anfang stand natürlich die Angst zu scheitern. Wenn ein Unternehmen wie eBay es nicht geschafft hatte, den Kunstmarkt im Netz zu etablieren, dann ist das für einen Kunstmann ohne technisches Verständnis eine riesige Herausforderung.

Der damalige Chef von eBay Österreich hat mich dann mit meinem Co-Founder Georg Untersalmberger bekannt gemacht und gemeinsam haben wir uns auf den Weg gemacht. Wir wollten, dass der Spirit von eBay mit notwendigen Anpassungen auch in anderen Bereichen funktioniert.

Die Anpassungen waren relativ groß, weil die Leute sich anders verhalten, wenn sie statt zehn € online plötzlich 1.000 € ausgeben sollten. Aber der Erfolg zeigt uns, dass wir alles richtig gemacht haben.

In diesem Jahr konnten wir uns neben vielen Spitzenzuschlägen den bisher höchsten Auktionszuschlag des Jahres in Deutschland sichern. Im Juni 2015 wurde bei Auctionata eine chinesische Automatenuhr aus dem späten 18. Jahrhundert für 3,37 Mio. Euro versteigert und erzielte damit einen Weltrekord als das teuerste Werk asiatischer Kunst, das je online versteigert wurde. Das wäre bei eBay nicht möglich gewesen, aber wenn Du Dir unsere Seite anschaust, wirst Du viele Ähnlichkeiten zu eBay entdecken.

Der Grundgedanke war der Handel über alle Grenzen hinweg und es war nicht einfach, das immer im Auge zu behalten. Klassische E-Commerce-Modelle tun sich oft schwer, in eine Profitabilität zu kommen, weil sie die wesentlichen Skalierungseffekte nicht in sich bergen. Das Positive an einem Marktplatz ist, dass Kunden immer neue Kunden hervorbringen. Das ist natürlich das Geniale an eBay und genau das war die Herausforderung, die wir meistern mussten und wir haben es geschafft.

Was wir am Anfang nicht verstanden haben, war, dass man mit etwas ganz Einfachem beginnen muss. Unsere erste Seite hat uns gut gefallen, weil wir sie cool fanden, nur leider hat kaum jemand verstanden, was wir eigentlich machen. Unsere Zielgruppe ist überdurchschnittlich alt und nicht mit dem neuesten technischen Equipment ausgestattet und so mussten wir lernen, dass der Schlüssel zum Erfolg auch darin liegt, eine für jedermann verständliche Seite aufzusetzen.

Auch bei uns geht die Dynamik nicht vom Unternehmen, sondern von den Usern aus. Unsere User sind sehr aktiv und zeigen uns auch, wo die Schwachstellen sind, und das ist das Geniale an diesem Konzept.

Haben Dir Deine eBay-Erfahrungen und Dein eBay-Netzwerk geholfen, Auctionata aufzubauen?

Klar, denn ich hatte durch eBay das Netzwerk, um die Auktionsobjekte zu beschaffen, und viele der ersten Verkäufer waren ehemalige Powerseller-Kollegen. Die allererste Uhrenauktion habe ich mit einem Powerseller durchgeführt, der noch heute bei eBay aktiv ist.

Und natürlich habe ich bei eBay viel gelernt, zum Beispiel zum Thema Keywordadvertising und auch in der Navigationslogik haben wir am Anfang viel von eBay übernommen. Wie alle erfolgreichen Unternehmen, die von ehemaligen eBay-Professionals gegründet wurden, tragen auch wir natürlich die eBay-DNA in uns.

Wir haben für Auctionata ein Expertennetzwerk von fast 300 Experten aus 45 Ländern in 1100 Kategorien aufgebaut und einige der Spezialisten, gerade wenn es um echte Hardcore-Collectibles wie z. B. Eisenbahnen geht, kennen wir aus unserem eBay-Powerseller-Netzwerk. Auch unter unseren Mitarbeitern ist die Dichte der ehemaligen eBay- und PayPal-Mitarbeiter ziemlich groß.

Ganz am Anfang, als wir gerade frisch in Berlin waren, hat uns ein ehemaliger eBay-Mitarbeiter, der in der Zwischenzeit Geschäftsführer bei erento geworden war, Büroräume zur Verfügung gestellt und unser erster Shareholder war Joachim M. Guentert, der ehemalige Leiter der Unternehmenskommunikation von eBay. Das eBay-Netzwerk war also eine große Hilfe beim Aufbau von Auctionata.

Du hast von Anfang an auf den internationalen Handel gesetzt – verschlafen das hier einige?

Die Tatsache, dass ich international gehandelt habe, ist auf jeden Fall ein Grund dafür, dass ich so erfolgreich geworden bin, und auch ein Grund dafür, dass ich Risikokapitalgeber für Auctionata gefunden habe.

Allerdings gibt es im europäischen Handel, abgesehen von England, viele Probleme. Das erste Problem ist die Überregulierung. Wir haben unendlich viele verschiedene Steuersysteme und unendlich viele verschiedene Gewerbeordnungen. Und das zweite Problem ist die Sprache – wir haben eine Sprachbarriere, ein Problem, das England nicht hat. Wenn du mit einem internationalen Kunden kommunizieren willst, musst du die Sprache fließend beherrschen und die wenigsten Deutschen können gut Englisch sprechen, auch wenn sie etwas anderes behaupten. Das gilt auch für Kunden, deren Muttersprache nicht Englisch ist. Sprache ist ein Vertrauensfaktor und wer sie nicht fließend beherrscht, wird Probleme bekommen.

Bei mir war es Zufall, dass ich bei eBay in Amerika angefangen habe zu handeln. Das lag einfach daran, dass es eBay Deutschland noch gar nicht gab. Dadurch war ich gezwungen, auf Englisch umzustellen. Als dann später der europäische Marktplatz kam, war ich dort am Anfang sehr aktiv, aber ich habe schnell gemerkt, dass die Absatzzahlen nicht dieselben sind. eBay Deutschland ist nie auch nur in die Nähe der Absatzzahlen von eBay.com gekommen. Natürlich war eBay Deutschland für uns immer auch ein Absatzkanal, aber eben ein sehr viel kleinerer als eBay.com. Wenn es eBay Deutschland zuerst gegeben hätte, hätte ich vermutlich auch nur dort gehandelt und nie über den großen Teich geschaut.

Aber ich war eben am Anfang gezwungen, auf eBay.com zu handeln, und habe dann später festgestellt, dass die europäischen Marktplätze eben nicht diese Power haben und dadurch waren meine Konzepte immer global ausgerichtet.

Im ersten Halbjahr 2015 hatten wir bei Auctionata Bieter aus 140 Ländern. China gehört neben den USA zu unserem zweitstärksten Markt, für 2017 schätze ich, dass 1/3 des Umsatzes aus China kommen wird.

Wir kennen uns schon viele Jahre und bei allen Deinen Unternehmungen hatte ich immer das Gefühl, dass Du für das, was Du tust, brennst. Ist diese innere lodernde Flamme das Geheimnis Deines Erfolges?

Ich habe eine enorme Leidenschaft für die Produkte, die wir handeln, und zwar für alle. Ich habe eine wahnsinnige Leidenschaft für schöne Dinge, man könnte auch sagen, eine wahnsinnige Gier.

Das treibt mich an, das gibt mir die Freude und durch die Freude kommt die Kraft.

Die ganzen negativen Dinge, die eine Gründung natürlich mit sich bringt und an denen andere zerbrechen, können mir nichts anhaben, weil ich diese Urfreude in mir habe.

Und natürlich bin ich niemand, der faul herumliegt, ich muss immer etwas tun. Auch das hilft natürlich enorm auf dem Weg zum Erfolg, weil es nicht zuletzt auch die Mitarbeiter anspornt.

Wie beurteilst Du die Entwicklung von eBay und wie wird es Deiner Meinung nach mit eBay weitergehen?

Erst einmal muss man festhalten, dass eBay ein erfolgreiches Unternehmen ist und gutes Geld verdient. Aber als Silicon-Valley-Dinosaurier werden bei eBay andere Maßstäbe angelegt. So wie Google die Suchmaschine dominiert hat, hat eBay lange Zeit das Marktplatzgeschäft dominiert und an diesen Giganten wird eBay gemessen und daran gemessen steht eBay nicht besonders gut da. eBay wird seine Position halten und verbessern können, wird allerdings keine globale Dominanz wie Amazon erreichen, weil man dafür an der Spitze Leute wie Jeff Bezos (Amazon-Gründer), Steve Jobs (Apple-Gründer) oder Larry Page (Google-Gründer) braucht. Es muss am Ende ein Gründer sein, der an der Spitze steht und die Menschen begeistern kann.

Meg (eBay-CEO 1998-2008) war spitze. Ich kann dir keine fünf Leute nennen, von denen ich mehr gelernt habe, aber so gut sie auch in dem war, was sie gemacht hat, war sie im negativen Sinne auch Aspekt einer Kultur, die verhindert, dass aus eBay mehr wird als nur der reine Onlinemarktplatz.

Bastian Mell, Geschäftsführer Paket-PLUS: „Mein Job bei eBay war wie ein Sechser im Lotto."

Bastian Mell hat seine Karriere als Mitarbeiter bei eBay gestartet und hat 2009 zusammen mit seinem eBay-Kollegen Dr. Alexander Schwinn PaketPLUS (http://www.paketplus.de), ein Netzwerk für Paketbeilagen gegründet. Durch die intensive Zusammenarbeit mit eBay-Powersellern haben die beiden Gründer den enormen Markt erkannt und durch ihr eBay-Netzwerk und ihre Erfahrungen in einem dynamischen Unternehmen wie eBay ist es ihnen schnell gelungen, den verkrusteten Markt aufzubrechen und ihr Start-up erfolgreich gegenüber existierenden Wettbewerbern zu positionieren. Bastian Mell gehört damit zu den Gründern, für die eBay das Sprungbrett für eine außerordentlich erfolgreiche Karriere war.

Wann hast Du bei eBay angefangen?

Ich habe 2006 bei eBay angefangen und das war damals für mich wie ein Sechser im Lotto. Ich wollte unbedingt nach Berlin und in einer internationalen Firma anfangen. Streng genommen habe ich die Voraussetzungen für den Job gar nicht erfüllt, weil eBay zum damaligen Zeitpunkt eigentlich keine Mitarbeiter eingestellt hat, die keine Berufserfahrung hatten. Mir hat es sicher geholfen, dass ich acht Jahre lang in den USA gelebt habe, aber es war auch viel Glück und gegenseitige Sympathie dabei.

Woran denkst Du, wenn Du an Deine Zeit bei eBay denkst?

Wenn ich zurückdenke, habe ich nur gute Erinnerungen an eBay. Ich denke an tolle Events wie zum Beispiel an die eBay-Universitys und an viele tolle Kollegen.

In meinem zweiten Jahr war ich für den Bereich Powerseller-Kommunikation verantwortlich und die Arbeit mit den eBay-Powersellern hat mir viel Spaß gemacht. Damals war eBay perfekt für die, die etwas gestalten wollten. Man bekam immer mehr Verantwortung, konnte etwas bewegen. Es war eine tolle Zeit, die ich nicht missen möchte.

Wann hast Du Dich entschieden, Dich selbstständig zu machen, und was war der Grund dafür?

Ich war drei Jahre lang bei eBay, als es dann eines Abends hieß, dass große Veränderungen anstehen, die am nächsten Tag verkündet werden sollten. Ich habe mich an diesem Abend mit meinem Kollegen Dr. Alexander Schwinn auf ein Bier getroffen und an diesem Abend haben wir beschlossen, PaketPLUS zu gründen. Er hatte die Idee schon länger, aber alleine hätte er PaketPLUS nicht gegründet. Ich konnte mir gut vorstellen, ein Business mit Alex zu gründen, und sein Plan hat mich überzeugt.

Am nächsten Tag wurden tatsächlich alle eBay Mitarbeiter gekündigt, allerdings hätten wir uns alle wieder neu bewerben können. Für uns war aber an diesem Tag klar, dass wir PaketPLUS gründen würden und das haben wir dann auch direkt umgesetzt.

Wie ging es dann weiter?

Ich bin am Anfang noch bei eBay geblieben und nebenbei haben wir angefangen, PaketPLUS aufzubauen. Wir hatten ein 100-m²-Lager in Berlin-Tempelhof. Morgens haben wir dort gepackt, dann sind wir zu eBay arbeiten gegangen und abends haben wir uns dann wieder um PaketPLUS gekümmert. Als ich an die Grenzen gestoßen bin, habe ich bei eBay gekündigt und mich vollständig dem Aufbau von PaketPLUS gewidmet.

Kannst Du ein paar Worte zu Eurem Geschäftsmodell sagen?

Wir bringen Onlinehändler und Gewerbetreibende zusammen. Mit Paketbeilagen bieten Händler ihren Kunden einen Mehrwert durch Onlinegutscheine, Produktproben oder Give-away und so können die Händler kostenfrei und unverbindlich und ohne Mehraufwand Zusatzeinnahmen erzielen. Werbepartner erreichen durch den gezielten Versand mit Paketbeilagen die richtige Zielgruppe und können dadurch Streuverluste vermeiden.

Wie seid ihr auf die Idee gekommen?

Damals gab es bei jedem großen Versender wie Otto oder Amazon Paketbeilagen, für kleine und mittelgroße Händler gab es damals aber keine Möglichkeit, Paketbeilagen zu beziehen. Der Markt war alt und verkrustet und die etablierten Vermittler hatten eigentlich immer die gleichen großen Versandhäuser im Angebot.

Wir haben gerade im Bereich der eBay-Powerseller einen großen Markt gesehen und haben erkannt, dass die Zielgruppen der eBay-Powerseller viel spezifischer sind, als beispielsweise die Zielgruppe von Otto. Kleine Powerseller haben in der Regel nur ein fokussiertes Sortiment und somit eine klar definierbare Zielgruppe, so können wir die Gutscheine von Werbepartnern direkt in die richtigen Hände bringen.

Für den Händler hat unser Netzwerkmodell den Vorteil, dass sie mit wenig Aufwand einen kleinen Nebenverdienst generieren können – für Werbetreibende liegt der Vorteil darin, dass sie die richtige Zielgruppe erreichen. Auch die Kunden erwarten heute fast schon Paketbeilagen im Paket und freuen sich über die Gutscheine.

Haben Dir Deine eBay-Kontakte geholfen, Dein Unternehmen aufzubauen?

Auf jeden Fall haben mir meine Kontakte zu den eBay-Powersellern geholfen. Wir haben ganz am Anfang Vistaprint ins Boot geholt und konnten mit dem Powerseller-Netzwerk starten.

Die meisten meiner ehemaligen eBay-Kollegen haben Karriere gemacht und sitzen heute in allen möglichen Unternehmen. Auch dieses Netzwerk hat geholfen, PaketPLUS aufzubauen. Wir arbeiten auch heute noch eng mit eBay zusammen und haben zum Beispiel gemeinsam mit eBay den eBay-Versandkarton und das eBay-Klebeband entworfen.

Was waren Eure Meilensteine?

Wir haben mit 20 Versendern aus dem Powerseller-Netzwerk angefangen und zählen heute über 6.000 Partner. Wir sind schnell groß geworden und wir wachsen noch immer. Bezogen auf die Anzahl der Paketbeilagen wachsen wir vermutlich sogar schneller als Amazon.

Im Juli 2009 haben wir mit 500 Versandpartnern 1,5 Mio. Paketbeilagen im Monat verschickt.

Im November 2014 hatten wir das erste Mal die magische Grenze von über 100.000.000 verschickten Paketbeilagen pro Jahr erreicht.

Aber ich denke auch sehr gerne an die ersten beiden Jahre zurück. Sie waren zwar die schwierigsten, aber auch mit die schönsten. Auf die eBay-Abfindung habe ich verzichtet, weil ich selber gekündigt habe und so war das erste Jahr finanziell sehr eng und ich hatte oft Mühe, mich über Wasser zu halten. Wir waren damals nur zu zweit und hatten einen Praktikanten. Wir mussten also dieses Mammutprojekt zu dritt stemmen und das war hart, aber wir waren von unserem Konzept überzeugt. Ich denke heute noch gerne an unseren ersten großen Auftrag zurück. Aus heutiger Sicht ist das ein ganz kleiner Auftrag gewesen, aber damals haben wir darüber gejubelt und das wird immer in meinen Gedanken hängen bleiben.

Natürlich gab es auch Rückschlage: Als wir gerade die ersten drei Monate hinter uns gebracht hatten, waren wir auf einer Messe unterwegs, um unser Modell vorzustellen, und sind dort belächelt worden, weil niemand an uns geglaubt hat.

Anfang 2010 ist Bertelsmann dann aber auf der Suche nach neuen Beilagenpartnern gewesen und hat als erster großer Player im Markt das Potenzial von unserem Geschäftsmodell erkannt. Letztendlich hat uns Burda später übernommen, aber es hätte damals wohl auch Bertelsmann werden können.

Vor dem Weihnachtsgeschäft 2010 haben wir dann auf eine externe Logistik umgestellt, weil wir mit 10 Millionen Beilagen schon in einer Größenordnung angekommen waren, die wir alleine nicht mehr bewerkstelligen konnten. Dieser Schritt war für unser Wachstum enorm wichtig.

Wir haben bei eBay gelernt, Dinge, die andere besser können, nicht selbst zu machen und sie an zuverlässige Partner auszulagern.

Für unseren Erfolg war es auch wichtig, dass wir immer offen und transparent und vor allem mit dem Herzen dabei waren.

Im August 2015 seid ihr von Burda übernommen worden. Was bedeutet das für Euch?

Wir hatten den Fokus von Anfang an auf Wachstum gelegt, eine Übernahme stand nie im Fokus. Als Burda dann aber auf uns aufmerksam geworden ist, war uns nach den ersten Sondierungsgesprächen schnell klar, dass wir hier einen starken Partner gefunden hatten, der uns in vielen Punkten perfekt ergänzen und weiteres schnelles Wachstum ermöglichen konnte.

Im Mai 2012 hat BurdaDirect die Mehrheit an PaketPLUS übernommen, Mitte 2015 dann alle Anteile. Burda ist eine starke Marke, die uns einen enormen Mehrwert gebracht hat, da wir auf die Vertriebsstrukturen von Burda zurückgreifen können.

Wir haben heute mit PaketPLUS mehr erreicht, als wir uns jemals erträumt haben.

Wir sind gemeinsam mit dem E-Commerce gewachsen und wir wachsen weiter. Ich denke immer, dass es nicht besser werden kann, aber es wird immer noch besser.

Ich bin gespannt, wie sich der Markt für Paketbeilagen entwickelt, insbesondere bei Amazon. Durch die vielen Logistikzentren könnte der Markt für Amazon uninteressant werden, weil der Zeitfaktor bei ein paar Millionen Paketen am Tag eine Rolle spielt und der Umsatz mit Paketbeilagen für Amazon nicht relevant ist.

Wie viele Sendungen verschickt ein durchschnittlicher Kunde?

Der durchschnittliche Kunde verschickt im Monat 2000-3000 Pakete. Das Minimum liegt bei uns bei 350 Sendungen. Das ist für uns nicht wirklich kostendeckend, aber wenn wir das Gefühl haben, dass ein Händler Wachstumspotenzial hat, dann investieren wir auch gerne.

In den letzten 7 Jahren haben unsere Versandpartner über 20 Millionen Euro durch den Versand von Paketbeilagen mit PaketPLUS verdient.

Kannst Du beobachten, dass sich die Schwerpunkte im E-Commerce verschieben?

In den Anfangszeiten haben die meisten Händler ausschließlich bei eBay gehandelt. Heute ist das anders, Stichwort Multi-Channel. Die Händler sind bei eBay und Amazon aktiv, viele betreiben einen eigenen Shop. Der E-Commerce hat sich extrem verändert und Amazon setzt die Maßstäbe. Wer abends schnell im Netz etwas einkaufen will, der nutzt das 1-Click-Shopping bei Amazon und bekommt die Ware am nächsten Tag geliefert. Das ist beeindruckend, aber auch beängstigend, denn der Druck auf Onlinehändler steigt mit den hohen Maßstäben.

Würdest Du sagen, dass eBay für Dich das Sprungbrett war? Wäre Dein Lebensweg anders verlaufen, wenn Du nicht bei eBay gearbeitet hättest?

Wenn eBay uns damals nicht gefeuert hätte, hätte es PaketPLUS nicht gegeben. Und so komisch sich das jetzt auch anhören mag, bin ich eBay sehr dankbar für die Chancen, die ich dadurch bekommen habe. Mit dieser Einstellung stehe ich nicht alleine, denn ich kenne niemanden, der einmal bei eBay gearbeitet hat und heute ein schlechtes Wort über eBay verliert. Auch die anderen Kollegen, die von der Reorganisation betroffen waren, erinnern sich gerne an die gute, alte Zeit bei eBay zurück.

Direkt und indirekt begleitest Du eBay seit vielen Jahren – wie siehst Du die Zukunft von eBay?

Das eigenständige eBay von heute wird es in absehbarer Zukunft wohl nicht mehr geben. eBay wird mit Sicherheit profitabel und relevant bleiben, aber ich denke nicht, dass eBay ein eigenes Unternehmen bleiben wird. Dafür sind das Business und die Reichweite des Marktplatzes einfach zu attraktiv für viele der neuen Onlineplayer, eine Übernahme durch ein anderes Unternehmen ist vermutlich leider nur eine Frage der Zeit.

Frank Weyermann, Onlinemarktplatz.de: „Wenn eBay sagt, dass es vorbei ist, dann ist es vorbei."

Frank Weyermann betreibt mit dem Onlinemarktplatz (http://www.onlinemarktplatz.de) ein Informationsportal rund um das Thema E-Commerce und gehört damit zu den Kennern der Szene, weil er durch sein Portal bei allen Themen rund um eBay ständig up to date sein muss. Er gehört zu denen, die nicht durch den Verkauf auf eBay Geld verdienen, aber trotzdem Teil des eBay-Imperiums sind, weil sie auf anderen Wegen mit eBay Geld verdienen – in seinem Fall als Partner des eBay-Partnerprogramms. Das eBay-Partnerprogramm musste in der letzten Zeit viel Kritik einstecken und diese Kritik ist aus meiner Sicht auch berechtigt. Während die großen eBay-Verkäufer eher positiv in die Zukunft schauen, gehören die Publisher zu denen, die kritische Worte finden.

Seit wann gibt es den Onlinemarktplatz?

Den Onlinemarktplatz gibt es schon seit 1999.

Wie bist Du auf die Idee gekommen, einen Blog über eBay ins Leben zu rufen?

Eigentlich wollte ich bei eBay selbst als Verkäufer tätig werden, aber es erschien mir damals zu aufwendig, alle Angebote manuell einzustellen und abzuwickeln. Also habe ich im Netz nach Tools gesucht, die das Handeln bei eBay erleichtern könnten.

Leider gab es damals kaum deutsche Tools, aber ich dachte mir, dass sicher auch andere auf der Suche nach eBay-Tools sind und so habe ich die Informationen, die ich gefunden habe, auf dem Onlinemarktplatz gebündelt, um sie auch anderen zur Verfügung zu stellen.

Der Onlinemarktplatz war also nicht darauf ausgerichtet, Geld damit zu verdienen?

Nein, absolut nicht! Ich lese sehr viel und stoße dabei auf viele interessante Informationen und die wollte ich mit anderen teilen. Am Anfang waren es eben die Informationen zu den Tools, weil ich selber auf der Suche danach war. Aber ich war damals insgesamt fasziniert davon, wie der Handel bei eBay boomt, und ich war mir sicher, dass dies das Geschäft der Zukunft sein wird, und so kamen dann auch die allgemeinen Informationen über eBay dazu. Mir macht das Spaß und das ist auch bis heute für mich der Antrieb dafür, das Portal zu betreiben.

Aber von einer Karriere als Verkäufer hast Du trotzdem Abstand genommen?

Ja, denn nachdem ich mich intensiver mit dem Thema beschäftigt hatte, wurde mir klar, dass man nicht mal so einfach nebenbei bei eBay handeln kann und dass die Gründung eines erfolgreichen eBay-Unternehmens sehr viel mehr Zeit in Anspruch nehmen würde, als ich erübrigen konnte. Mit dem Onlinemarktplatz habe ich mir eine Plattform geschaffen, mit der ich trotzdem Teil dieser noch immer faszinierenden Welt bin.

Ein Portal, das die Größenordnung von Onlinemarktplatz erreicht hat, kostet viel Zeit und auch Geld. Irgendwann wäre das ein sehr luxuriöses Hobby, wenn nicht auch Einnahmen zu verbuchen wären. Wann hast Du angefangen, mit dem Onlinemarktplatz Geld zu verdienen?

Ursprünglich war ich ja wie gesagt auf der Suche nach sinnvollen eBay-Tools, die die Arbeit erleichtern und so kannte ich die Probleme der Verkäufer. Da lag es nahe, dass ich zusammen mit einem Kollegen ein eigenes eBay-Tool entwickelt habe. Wir wollten eine Lücke stopfen, die den Verkäufern damals die Arbeit enorm erleichtert hat.

Unser Tool „Fixchange" konnte eBay-Angebote automatisch wieder einstellen, wenn die Auktionen ausgelaufen waren. Bisher mussten die Verkäufer die Angebote manuell wieder einstellen, wenn sie sich die Provision für ein erneutes Einstellen sparen wollten.

Der Clou aber war, dass „Fixchange" laufende Angebote verlängern konnte. Hatte ein Verkäufer z. B. eine Laufzeit von 3 Tagen gewählt und kurz vor Auktionsende noch kein Gebot erhalten, konnte er die Auktion mit „Fixchange" automatisch verlängern. Ohne „Fixchange" wäre die Auktion ohne Gebot ausgelaufen und er hätte erneut Gebühren für die nächste Runde zahlen müssen.

„Fixchange" war ein international erfolgreiches Tool. Wir haben in 10 Monaten 20.000.000 Auktionen verlängert und auch wenn wir für jede Verlängerung nur einen ganz kleinen Centbetrag in Rechnung gestellt haben, hat es sich für uns gelohnt.

Leider war eBay weniger begeistert von unserem Tool und hat die ABG geändert und Tools, die eine automatische Laufzeitverlängerung vornehmen, verboten.

Durch das Tool kamen also die ersten Einnahmen, wenn auch nur indirekt über den Onlinemarktplatz. Direkte Einnahmen über den Onlinemarktplatz kamen dann erst um die Jahre 2002/2003, als die ersten Anfragen kamen, Bannerwerbung auf dem Onlinemarktplatz zu schalten oder bestimmte Tools zu bewerben. Etwa zu dieser Zeit habe ich mich auch beim eBay-Partnerprogramm angemeldet und bis heute werden darüber Umsätze generiert.

Das eBay-Partnerprogramm stand in letzter Zeit stark in der Kritik. Du bist seit mehr als 10 Jahren dabei. Wie würdest Du die Entwicklung beschreiben?

In den Anfangsjahren konnte man mit dem eBay-Partnerprogramm viel Geld verdienen, aber seit Ende 2007 geht es stetig bergab. Es fing im Dezember 2007 unmerklich an und im Laufe der Zeit wurden die Einnahmen immer geringer.

Was denkst Du, woran es liegt, dass die Umsätze aus dem eBay-Partnerprogramm rückläufig sind?

Manchmal dachte ich, dass es zu viele Alternativen zu eBay gibt und die Internetnutzer bei eBay weniger aktiv sind, aber wenn man sich die steigenden Umsatz- und Angebotszahlen von eBay anschaut, dann kann das nicht der Grund sein. Die Zugriffszahlen auf dem Onlinemarktplatz spiegeln diese negative Entwicklung der sinkenden Einnahmen aus dem eBay-Partnerprogramm

auch nicht wider. Zudem betreibe ich neben dem Onlinemarktplatz einige Affiliateseiten wie z. B. den
Spaßmarktplatz (http://www.spassmarktplatz.de) auf
dem ich lustige und kuriose eBay-Angebote vorstelle.
Während die Einnahmen auf dem Onlinemarktplatz
seit Jahren rückläufig sind, sind sie beim Spaßmarktplatz konstant geblieben. Auch das ist ein merkwürdiges
Phänomen, das ich mir nicht erklären kann. Also ganz
ehrlich: Ich weiß nicht, woran es liegt.

**Sinkende Einnahmen sind natürlich ärgerlich,
zumal hinter einem Portal wie Onlinemarktplatz
sehr viel Zeitengagement steckt. Wie gehst Du
damit um?**

Zum einen war Geld nie die Triebfeder für mein
Engagement und zum anderen gibt es ja neben eBay
auch andere Partnerprogramme wie z. B. das von Amazon, das sehr gut konvertiert.

**Viele können sich vielleicht gar nicht vorstellen,
wie viel Arbeit in einem Portal wie Onlinemarktplatz steckt. Kannst Du dazu etwas sagen?**

Bevor man überhaupt etwas schreiben kann, muss
man selbst erst einmal viel lesen und gerade, wenn es
um eBay geht, dann muss man sich neben deutschen
Informationsquellen auch in amerikanischen und briti-
schen Medien informieren. Der Weg, bis man sich mit
einem Portal ein Publikum geschaffen hat, ist lang. Man
kann sagen, dass es 3-4 Jahre dauert, bis man sich eine
Stammleserschaft aufgebaut hat, die die Seite immer
wieder besucht. Die Seite muss gepflegt werden und das
nicht nur inhaltlich, sondern auch technisch. So musste

ich z. B. vor Kurzem 5000 Artikel löschen, um den Seitenaufbau wieder zu beschleunigen. 5000 Artikel, in denen viel Arbeit und Herzblut gesteckt hat. Auch das Design muss im Laufe der Zeit immer mal wieder angepasst werden und auch das kostet Zeit und teilweise auch Geld.

Wie hat sich Onlinemarktplatz in den letzten Jahren verändert?

Am Anfang lag der Fokus ganz klar auf eBay-Tools, heute liegt er auf den News. Neben eBay spielen heute auch Amazon und E-Commerce-Themen im Allgemeinen eine große Rolle.

Was sind die Themen, die Deine Leser am meisten bewegen?

Neuerungen und Änderungen bei eBay gehören zu den Artikeln, die meine Leser am meisten bewegen. Daneben Artikel zum Thema Abmahnungen und auch kritische Artikel über eBay.

Kritische Artikel laufen immer gut, was meinst Du, woran das liegt?

Vermutlich liegt das in der Natur des Menschen. Die Sensationslust wird ja nicht nur in den Medien befriedigt. Spontan fallen mir dazu die „Autobahngaffer" ein, die im schlimmsten Fall die Rettungskräfte behindern, um ihre Sensationsgier zu stillen. Negative Schlagzeilen bringen immer mehr Traffic als positive Infos.

Bedienst Du diese Sensationsgier, um mehr Traffic zu generieren?

Absolut nicht! Ich kann natürlich viel darüber schreiben, was bei eBay schiefläuft, weil bei eBay eben einfach viel schiefläuft. Ich habe sogar eine eigene Kategorie für technische eBay-Probleme, aber ich schreibe nicht, um Traffic zu generieren, sondern für meine Leser. So steht bei mir auch nicht die Optimierung für Suchmaschinen im Vordergrund. Ich schreibe nicht für Google, ich schreibe für meine Leser. Das ist mir wichtig. Ich beobachte sehr genau, über welche Themen sich meine Leser informieren wollen, und schreibe dann dazu. Mir liegt es in erster Linie am Herzen, meine Leser zufriedenzustellen.

Was waren die größten Aufreger in der Geschichte des Onlinemarktplatzes?

Es gibt eher weniger *den* größten Aufreger, sondern vielmehr Themen, die immer wieder für Aufregung sorgen. Ganz oben auf der Liste steht PayPal und damit verbunden eingefrorene PayPal-Konten, aber auch jede Gebührenerhöhung bei eBay sorgt regelmäßig für Aufregung. Ganz dramatisch war es, als eBay 2008 unterschiedliche Gebühren für private und gewerbliche Verkäufer eingeführt hat. Auch die eBay-Suche sorgt immer wieder für Aufreger, weil sie leider oft nicht so funktioniert, wie sie funktionieren sollte.

Ich kann mich erinnern, dass Du in einem Artikel [*4] **einmal ungewöhnlich starke Emotionen gezeigt hast, als es 2013 um Änderungen und um technische Probleme beim eBay-Partnerprogramm ging.**

Dieses Thema hat mich in der Tat sehr aufgeregt und so habe ich meine Plattform auch genutzt, um meinen Unmut zu zeigen und Gehör zu finden. Von einem Partner erwarte ich Wertschätzung und beim eBay-Partnerprogramm empfinde ich mich nicht mehr als Partner, sondern als lästiges Anhängsel.

Als ich diesen Artikel geschrieben habe, war das eBay-Partnernetzwerk bereits seit 6 Tagen down und das EPN hat es in keinster Weise für nötig befunden, die Partner über die bestehenden Probleme zu informieren. Zu diesem Zeitpunkt kamen dann alle angestauten Probleme hoch: die grundsätzlich katastrophale Kommunikation, die nichts mit einer partnerschaftlichen Beziehung gemein hat, die völlig intransparenten Berechnungsmethoden der Vergütungen, die niemand versteht und die eine Optimierung der Einnahmen unmöglich macht.

Die Teilnahme am eBay-Partnerprogramm gleicht gefühlt dem Losbudenprinzip. Am Montag ziehst Du die Niete, am Dienstag den Hauptgewinn und nur der Losbudenbetreiber weiß warum.

Und natürlich kam dann auch noch die Ankündigung des neuen Provisionsmodells dazu, das auf qualitativ hochwertigen Traffic zielt. Ich habe mir, wie viele andere Publisher auch, die Frage gestellt, was qualitativ hochwertiger Traffic eigentlich bedeutet.

eBay hat massive Trafficprobleme, seit eBay im Google-Ranking abgestürzt ist, und ich konnte nicht verstehen, dass sie nun auch noch einen weiteren wichtigen Trafficlieferanten, der die Publisher ja nun einmal sind, verärgern und sie damit direkt zur Konkurrenz treiben. Verkäufer müssen verkaufen und ob der Traffic qualitativ hochwertig ist oder nicht, interessiert den Verkäufer, der ja auf Traffic angewiesen ist, nicht.

Zudem habe ich gestaunt, wie wenig eBay sich daraus macht, dass durch die vielen Probleme beim eBay-Partnerprogramm, die eBay-Berichterstattung insgesamt negativ beeinflusst wird. Auch das hat mir zeigt, wie gering eBay seine Partner wertschätzt und so war dann auch mein Artikel entsprechend emotional. Ich hatte das Gefühl, nach 15 Jahren Partnerschaft ausgemustert worden zu sein, und niemanden interessiert es bei eBay, ob du ihnen 15 Jahre die Stange gehalten hast oder nicht. Wenn eBay sagt, dass es vorbei ist, dann ist es vorbei. Ich finde das traurig.

Haben diese Vorfälle beim eBay-Partnerprogramm eine Veränderung bewirkt?

Seit dieser Zeit setze ich vermehrt auf Amazon und das beobachte ich auch bei vielen anderen Publishern. Heute liest man kaum noch über besondere eBay-Angebote, viel mehr haben sich die Publisher Amazon zugewandt und bewerben die Bestseller, Blitzangebote und andere Sonderaktionen von Amazon, oder sie schreiben über verrückte Rezensionen. eBay selbst hat die Partner in die Arme der Konkurrenz getrieben. Mir tun die eBay-Verkäufer leid, die unter den Trafficeinbußen zu leiden haben.

Ein Portal wie Deines amortisiert sich zu großen Teilen über das Affiliate-Marketing. Was sind die größten Herausforderungen?

Zu den größten Herausforderungen gehört es, herauszufinden, was gerade gefragt ist. So gehen z. B. im Sommer regelmäßig im stationären Handel die Ventilatoren aus und so wird die Suche danach online fortgesetzt. Hier setzt das Affiliate-Marketing an.

Wichtig ist, dass man Produkte nicht offensiv bewirbt, sondern einen Mehrwert für die Leser schafft. Es gibt regelmäßig Leser, die sich darüber ärgern, wenn man mit einem Blog auch Geld verdienen möchte und so ist das Affiliate-Marketing ein sehr sensibles Thema, bei dem man auch Leser vergraulen kann, wenn sie die Werbung als zu offensiv wahrnehmen.

Was möchtest Du zum Schluss noch gerne loswerden?

Es ärgert mich, wenn mir vorgeworfen wird, dass ich den Onlinemarktplatz betreibe, um damit Geld zu verdienen. Ich betreibe den Onlinemarktplatz, weil es mir Spaß macht, und natürlich ist es im Laufe der Jahre auch ein wenig zur Gewohnheit geworden. Eine Gewohnheit, die ein schöner Teil meines Lebens geworden ist und bleiben wird und das auch, wenn die Einnahmen aus dem eBay-Partnerprogramm weiter sinken.

Ulrike Pechmann, clever commerce: „Wenn einige Kollegen aus der Industrie sagen: ‚eBay ist tot‘, sage ich: ‚Totgesagte leben länger‘."

Ulrike sagt von sich selbst, dass sie schon mit dem ersten Kauf bei eBay direkt mit dem eBay-Virus infiziert war, und diesen Virus trägt sie bis heute in sich. Angefangen hat sie als eBay-Mitarbeiterin, später hat sie Erfahrungen bei dem eBay-Toolanbieter Marketworks gesammelt, heute ist sie Geschäftsführerin der Agentur „clever commerce" (http://www.clevercommerce.de), einem Full-Service-Dienstleistungsunternehmen rund um eBay und den E-Commerce. Zusätzlich ist sie bei eBay als Verkäuferin aktiv und hat mit ihrem Account bereits mehr als 20.000 Bewertungen gesammelt.

Die ersten Berührungen mit eBay hast Du als eBay-Mitarbeiterin gesammelt. Wann hast Du bei eBay angefangen und warum hast Du Dich damals für eBay als Arbeitgeber entschieden?

Ich war damals ein großer Fan von Independent-Musik, und auf der Suche nach Schallplatten meiner damaligen Lieblingsband „Catatonia" bin ich irgendwann um eBay nicht mehr herumgekommen. Mit meinem ersten Kauf bei eBay war ich direkt vom eBay-Virus infiziert. Ich hatte mein BWL-Studium gerade beendet und als ich gehört habe, dass eBay in Dreilinden Praktikanten sucht, habe ich mich 2001 dort beworben und zunächst als „Category Captain" für die Kategorien Musik und Film gearbeitet. Meine Aufgabe bestand darin, neue Händler beim Einstieg in den Verkauf bei eBay zu unterstützen. Nach dem ersten Praktikum habe ich an der Uni meine Diplomarbeit zu einem Thema aus dem Konsumentenverhalten (mit Bezug auf eBay) geschrieben und bin wieder zu eBay zurückgekehrt. Wieder in Form eines Praktikums: beim zweiten Mal im Bereich Education & Programs. Hier war das Ziel, neue Käufer und Verkäufer mit Schulungsveranstaltungen für eBay fit zu machen.

Woran denkst Du heute, wenn Du an Deine Zeit bei eBay denkst? Was hat Dir bei eBay besonders gut gefallen? Was eher weniger?

Zuerst fallen mir tolle Kollegen und tolle Veranstaltungen wie die eBay-Universitys, die eBay-Workshops oder die eBay-Live! ein. Ich denke an Messeauftritte wie die IFA 2001, bei der eine gierige Meute wie beim SSV versucht hat, ein eBay-Shirt zu ergattern. In den TV-Berichten zur IFA lief dann fast immer jemand mit einem eBay-Shirt durch den Hintergrund. Damals herrschte eine Aufbruch-Stimmung bei den eBay-Mitarbeitern, die allesamt blutjung waren und riesigen Spaß daran hatten, etwas zu bewegen. Und ich denke an gut gelaunte Händler, die in Goldgräberstimmung waren.

Abmahnungen waren ein Fremdwort und so hat die Zeit manchmal auch an den Wilden Westen erinnert (Zitat von Veranstaltungen: „Wir tun so, als wenn wir privat sind, und lassen das mit dem Widerruf sein").

Durch eBay habe ich unheimlich viele interessante Menschen kennengelernt, mit denen ich auch heute teilweise noch in Kontakt stehe. Was mir nicht so gut gefallen hat, war die schleichend einsetzende Bürokratisierung. Ich wäre gerne länger bei eBay geblieben, aber schon Ende 2003 zeichnete sich bei eBay ab, dass Positionen bevorzugt mit externen Ex-Unternehmensberatern besetzt wurden, die von eBay absolut keine Ahnung hatten, aber mit wichtig klingenden Abkürzungen nur so um sich werfen konnten.

Die hoch motivierten und engagierten Mitarbeiter, die eBay geliebt und die Basis gelegt haben und sicher gerne bei eBay Karriere gemacht hätten, blieben dabei auf der Strecke. In den nächsten 4 Jahren gab es recht starke Fluktuationen, bis schließlich nur noch wenige der alten Gesichter an Bord waren: Das Unternehmen hatte sich gewandelt.

Was war Deine nächste Station nach eBay?

Nach eBay bin ich zu Marketworks gegangen. Marketworks war damals das führende US-Verkäufertool und sollte am deutschen Markt eingeführt werden. Eigentlich wollte Marketworks nur mit zwei Leuten im Vertrieb und Support starten, ich konnte die Verantwortlichen aber davon überzeugen, dass die Lösung für den deutschen Markt lokalisiert werden muss, also neue Funktionen hinzugefügt werden mussten, wie z. B. ordentliche Rechnungen drucken, Ausweis der Mehrwertsteuer, Bank-Abgleich usw. und natürlich musste die Software übersetzt werden.

Wann hast Du Dich entschieden, Dich selbstständig zu machen, und welche Ziele habt ihr euch damals gesetzt?

Die Lokalisierung bei Marketworks ging nur schleppend voran. Die Anpassungen, die für den deutschen Markt wichtig waren, wurden immer wieder verschoben. Für ein amerikanisches Unternehmen hat der deutsche Markt keine Priorität und so hatten wir immer das Gefühl, ein Haus ohne Türen und Fenster verkaufen zu müssen.

Dieser Zustand war für das ganze Team belastend und frustrierend. 2005 hat mein Kollege Stefan Dickfeld dann gekündigt und Sell It Smart gegründet. Anfang 2006 konnte er mich dann überzeugen, zusammen mit ihm und Dirk Baumann die Sell It Smart GmbH zu gründen. Mit Sell It Smart haben wir für eBay-Händler eBay-Shop-Designs und eBay-Templates erstellt. Das Ziel damals war, anders als bei eBay und Marketworks endlich eigene Entscheidungen frei treffen zu können und flexibel zu sein. Und natürlich war das erste Ziel zu überleben. Richtige Agenturerfahrung hatte keiner von uns und so war es immer spannend, zumal wir recht schnell gewachsen sind.

Was genau machst Du heute? Wie kann clever commerce den eBay-Kunden helfen?

2013 habe ich Sell It Smart verlassen und 2014 zusammen mit meinem Kollegen Leo Sobottka „clever commerce", ein Full-Service-Dienstleistungsunternehmen rund um eBay und den E-Commerce gegründet.

Bei clever commerce kümmere ich mich die meiste Zeit um die fortlaufende Betreuung unserer Händler. Da ist von A bis Z alles dabei: von A wie Abmahnungen über M wie Mitarbeitersuche bis hin zu Z wie Zoomfunktion. Ich wechsle mehrmals am Tag zwischen den Rollen Berater, Frontend-Developer und Supporter. Außerdem setze ich bei uns die eBay-Projekte um, mache also aus bunten Bildchen einen eBay-Auftritt, der nachher schnell lädt und das auch auf mobilen Endgeräten. Es macht Spaß, aus einer grauen Vorlage später ein funktionierendes Ganzes entstehen zu sehen.

Du bist selber seit 2001 aktive eBay-Verkäuferin und hast bereits mehr als 20.000 Bewertungen gesammelt. Würdest Du sagen, dass Deine eigenen Erfahrungen als Verkäuferin unverzichtbar sind, wenn es um die Erstellung von eBay-Designs geht?

Selbst zu verkaufen, hilft mir sehr, mich in die Situation und Herausforderungen der Kunden hineinzudenken. Ich würde das aber weniger auf die eBay-Designs beziehen, da hilft es mir eher, mich in die Situation eines Käufers hineinzuversetzen. Hilfreich finde ich meine Erfahrungen als Verkäufer, wenn es darum geht, mich z. B. in Prozesse wie die Abwicklung von Bestellungen oder die Anlage von Artikeln hineinzudenken. Diese Abläufe kann ich auf Basis des eigenen Erlebens gut visualisieren. Nicht zuletzt ist es so, dass im Onlinehandel nicht alles Spaß macht und ich den Schmerz mancher Händler recht gut nachfühlen kann. Da ich nebenbei noch mit recht vielen Web-Technologien zu tun habe, kommen mir gelegentlich auch neue Ideen, wie man Probleme lösen könnte. Auf der Basis ist zum Beispiel eine kleine Lösung entstanden, mit der wir Afterbuy-Nutzern eine zeitsparende, rollende Kommissionierung ermöglichen können.

Mit welchen Schwierigkeiten hattet ihr am Anfang zu kämpfen und mit welchen Schwierigkeiten kämpft ihr heute?

Am Anfang war es wichtig, erst einmal einen Kundenstamm aufzubauen und da hatten wir wohl viel Glück, denn das ging sehr schnell. Wenn es um Schwierigkeiten geht, kein System ist perfekt und manchmal funktionieren Dinge einfach nicht so, wie sie sollen, und man verbringt mitunter viel Zeit damit, nach Fehlern zu suchen und diese bei externen Software-Lösungen oder ggfs. dem Hersteller gegenüber als seine Fehler nachzuweisen.

Und wir schütteln leider regelmäßig den Kopf, wenn eBay sich wieder einmal etwas Neues ausdenkt, ohne sich darüber im Klaren zu sein, was das für den Händler bedeutet: Beispiele sind Änderungen an den Artikelmerkmalen, die im Bereich Fashion stets sehr schmerzhaft sind, oder aktuell die Einführung der EAN-Pflicht.

Hier gilt wohl die Forderung, die ich seit 2003 immer wieder gehört habe: Wer bei eBay etwas entscheiden darf, sollte vorher zumindest einmal 1.000 Artikel selbst verkauft haben. Aber das wird wohl nie passieren.

Wie hat sich Euer Unternehmen entwickelt? Hat Euer Angebot sich im Laufe der Zeit verändert? Wie hat sich das Design im Laufe der Jahre entwickelt?

Mit clever commerce sind wir seit April 2014 am Start. Wir haben von Anfang an großen Wert auf die fortlaufende Betreuung unserer Kunden gelegt und wollten unsere Kunden schnell und gut unterstützen.

Das umfasst fast die Hälfte unserer Leistungen. Projekte machen wir natürlich auch, allerdings sind das vergleichsweise wenige Projekte und es sind vor allem wenige parallel laufende Projekte, die man im Kopf behalten muss. Mit dieser Aufteilung sind wir nach wie vor zufrieden. Letztlich sind seit 2006 gar keine großartig neuen Bereiche hinzugekommen. Sicherlich ist der Anteil an eBay-Leistungen am Umsatz zurückgegangen. Das liegt aber auch daran, dass eBay-Designs ein vergleichsweise simples Produkt ist. Die Anforderungen an Onlineshops dagegen haben sich in den letzten Jahren stetig erhöht und die Anforderungen werden immer komplexer. Das wirkt sich dann auch auf die Volumina einzelner Projekte aus.

Was sich an Design und an Anforderungen daran über die Jahre geändert hat: Früher wurden Shops mit so vielen Features wie möglich vollgestopft. Je mehr Funktionen, desto besser, war das Motto damals. Das hat sich glücklicherweise geändert, sodass heute gilt:

KISS: Keep It Stupid Simple! (Anmerkung – frei übersetzt: mach es so einfach wie möglich!)

Die wohl größte Herausforderung ist die mobile Optimierung.

Wie haben sich die Ansprüche Eurer Kunden entwickelt? Sind sie anspruchsvoller geworden?

Dass die Kunden anspruchsvoller geworden sind, kann ich nicht direkt bestätigen. Durch den allgemeinen Trend, dass Websites wieder simpler werden, geht es sogar etwas entspannter zu.

Kannst Du feststellen, dass eBay-Verkäufer sich mehr und mehr professionalisieren?

Definitiv. Die Goldgräberzeiten sind lange vorbei. Die Anforderungen sind komplexer, viele Nischen sind besetzt. Vor 10 Jahren hatten manche Händler mehr Glück als Verstand, heute setzt der Erfolg eine Menge Know-how und einen Grundstock an Kapital voraus. Geschäftsmodelle wie das Streckengeschäft werden nicht überleben. Kleine Händler werden bereits seit einigen Jahren totgesagt. Trotzdem haben wir immer wieder Händler begleitet, die es teilweise ganz hervorragend gepackt haben. In einigen der Fälle hatten wir vorab zum Teil unsere Zweifel, aber wenn sie es dann am Ende geschafft haben, freut uns das natürlich!

Handel bedeutet bekanntermaßen auch Wandel. Angesichts von aggressiv agierenden Riesen wie Amazon sind Händler mehr denn je angehalten, beständig besser zu werden.

Worauf muss ein Verkäufer bei der Template/Shoperstellung achten?

Ein Design sollte zur Produkt- und Preisgruppe des eigenen Sortiments passen. Wer Billig-Fashion in knalligen Farben verkauft, bei dem wird ein Design, das sich an Edelmarken anlehnt, nicht passen. Wer billig verkauft, sollte darauf achten, dass das Design diese Nachricht transportiert. Und andersherum natürlich auch.

Webdesign hatte in den frühen Jahren das Ziel, den Betrachter in Erstaunen zu versetzen und Dinge außergewöhnlich zu lösen. Das wohl beste Buch zum Thema Usability ist „Don't make me think" von Steve Krug. Grob zusammengefasst sagt er, dass die Elemente dort sein und so aussehen sollten, wie man sie auf der typischen Durchschnittswebsite erwartet. Konkret geht es darum, dass in der Kopfzeile klar erkennbar eine Suche vorhanden ist, dass die Kategorien dort sitzen, wo man sie sucht usw. Und natürlich sollte die Seite schnell laden und mobil optimiert sein.

Zum Thema „Ein Design muss schön sein": Wir haben einige Shops gebaut und betreuen andere, die niemals für einen Design-Preis nominiert werden. Aber sie sind authentisch und haben aus diesem Grund mitunter extrem gute Conversion Rates. Ein Shop muss also nicht schön sein, sondern passen!

Welche Fehler im eBay-Design fallen dir am häufigsten auf und welche Fehler sollten sich die Verkäufer nicht erlauben?

In vielen Templates laden Links in neuen Tabs. Das ist auf Desktop-PCs schon etwas unschön, allerdings hat man seine Browser-Tabs ja noch im Blick. Auf mobilen Endgeräten sieht das schon anders aus. Da muss man dann suchen, wie man wieder zum Angebot zurückkommt, und das lässt einige Nutzer sicherlich frustriert zurück.

Wichtig ist auch, dass Seiten schnell laden. Die Händler sollten sich daher die Referenzen des Anbieters ansehen und auf dieses Detail achten.

Wer kein Tool wie Afterbuy & Co nutzt, sollte darauf achten, dass rechtliche Infos und andere Daten, die häufig geändert werden müssen, entweder nicht Teil des Templates sind, oder dass der Anbieter ein System bereitstellt, mit dem laufende Angebote „live geändert" werden können. 2 Tage lang den HTML-Quelltext einiger Hundert Angebote im Turbo-Lister per Hand zu ändern, kann eine sehr frustrierende Wochenend-Beschäftigung sein.

Und weil viele Händler keine Techniker sind, sollten sie auch darauf achten, dass der Anbieter sie dabei unterstützt, das eBay-Template in das eigene Listingtool einzufügen.

Wie schätzt Du die Zukunft von eBay ein?

In der Wahrnehmung der Käufer hat sich in den letzten Jahren das Image sicherlich gewandelt. eBay wird nicht mehr als Flohmarkt mit windigen Verkäufern wahrgenommen, Käufer fühlen sich heute sicher. Trotzdem war es traditionell immer der Charme von eBay, dass man dort Dinge finden konnte, die man sonst nirgends findet. Man konnte bei eBay Schnäppchen und auch gebrauchte Ware finden. Ganz früher war eBay eine kleine Art von Facebook und man hat sich untereinander auch privat geschrieben. Das ist lange her und wird so auch nicht wiederkommen.

Ich hoffe aber, dass eBay sich einen Funken des alten Geistes bewahrt. In unserem Umfeld (Händler, E-Commerce-Dienstleister) hat eBay in den letzten Jahren immer wieder schlechte Kritik bekommen. Häufig sicherlich völlig zu Recht.

Wenn wir uns aber die Reichweite der eBay-Seite anschauen, dann liegt eBay immer noch ganz weit vorne, auch wenn Amazon die Nase etwas weiter vorn hat. Wenn einige Kollegen aus der Industrie sagen: „eBay ist tot", sage ich: „Totgesagte leben länger".

Heiner Kroke, momox CEO: „Man kann auch heute noch mit eBay wachsen."

Zu meinen liebsten Erfolgsgeschichten bei eBay gehört die Geschichte von Christian Wegner. Seine Erfolgsgeschichte beginnt im Jahr 2004. Er war damals arbeitslos und hat in einem Kreuzberger Trödelladen einige Bücher gekauft, die er dann bei eBay angeboten hat. Er hat seinen Einsatz damals verzehnfacht und dadurch angespornt hat er seine Ersparnisse von damals 1500 € investiert, um gebrauchte Bücher zu kaufen und sie bei eBay wieder zu verkaufen. Recht schnell kamen dann CDs und DVDs dazu, die er teilweise bei eBay im Paket angekauft und auch bei eBay einzeln wieder verkauft hat. Als diese Strategie an die Grenze gestoßen war, gründete er momox (http://www.momox.de), das erste online Ankaufsportal für gebrauchte CDs und DVDs. Später kamen dann Bücher, Konsolen und Konsolenspiele und seit 2014 mit der neuen Plattform ubup (http://www.ubup.com) auch Secondhand-Kleidung dazu. Nach wie vor werden die angekauften Bücher, DVDs, CDs, Spiele und Kleidung über eBay, aber natürlich auch über Amazon und andere Plattformen sowie über den eigenen Shop medimops.de (http://www.medimops.de) und ubup.com angeboten. medimops ist heute im Ranking aus dem erhaltenen Feedback der letzten sechs Monate bei eBay weltweit die Nummer vier[*3], in Deutschland die Nummer eins.

Seit 2013 ist Heiner Kroke CEO von momox. Heiner Kroke war von 2003-2006 bei eBay angestellt, hat dann von 2006-2008 die Geschäftsführung von Kijiji (heute eBay-Kleinanzeigen) übernommen und war danach von 2008-2013 Geschäftsführer bei ricardo, eBays stärkstem Konkurrenten in der Schweiz. eBay hatte es in der Schweiz nie geschafft, ricardo vom Thron zu stoßen und so ist ricardo in der Schweiz immer die Nummer eins geblieben. 2013 hat sich der Kreis dann wieder geschlossen und Heiner Kroke hat als ehemaliger eBay-Mitarbeiter die Geschäftsführung von momox übernommen und steht damit hinter einem der größten eBay-Seller der Welt.

Du hast 2003 bei eBay angefangen, was waren Deine Aufgaben?

Ich war bei eBay für die Unternehmensentwicklung zuständig. Die größte Aktion, die in diesen Bereich fiel, war zum Beispiel der Kauf von mobile.de. Dr. Ralph Werner ging dann als Geschäftsführer zu mobile.de und ich habe bei eBay seinen Bereich übernommen. In diesen Bereich fiel die Verantwortung für die Tools, wie z. B. den Turbo-Lister, die Verantwortung für das Team, das sich um die API gekümmert hat, und später kamen dann andere Bereiche, wie zum Beispiel der Verkauf von Werbung auf eBay, aber auch das Powersellerprogramm und die Arbeit mit der Kategorienstruktur und den Katalogen dazu. Im Grunde war in meinem Team alles untergebracht, was woanders nicht gepasst hat. In meinen letzten beiden Jahren bei eBay war ich dann Geschäftsführer für Deutschland, Österreich und die Schweiz bei kijiji.

Woran denkst Du, wenn Du an Deine Zeit bei eBay denkst?

Ich war in einer Zeit bei eBay, in der unglaublich viel passiert ist. Wir hatten gefühlte zweimal pro Woche ein Fernsehteam im Haus, das über eBay-Erfolgsgeschichten berichtet hat. Wir hatten gefühlt einmal pro Woche die Titelseite einer großen Tageszeitung, wir waren in der Zeit mehrfach auf der Titelseite des Stern – es war eine wahnsinnig spannende Zeit. Wenn du z. B. mit einer eBay-Tasche am Flughafen eingecheckt hast, hat dich jeder freudig begrüßt mit: „Oh, super, ich wusste ja gar nicht, dass es auch Leute gibt, die bei eBay arbeiten." Aber in dieser Zeit fing es dann auch an, dass es etwas schwieriger geworden ist. eBay ist nicht mehr automatisch gewachsen und auch der amerikanische Einfluss auf das Unternehmen wurde größer. Es fing an, dass wir in Deutschland nicht mehr all das machen konnten, was wir aus deutscher Sicht gerne gemacht hätten.

Was hat Dir bei eBay besonders gut gefallen, was weniger?

Mir hat die Arbeit mit den vielen tollen Kollegen wahnsinnig gut gefallen. Wir waren ein gutes Team, auch von der Qualität und vor allem auch von der Begeisterung der Kollegen. Weniger gefallen hat mir die zunehmende Bürokratie und der steigende amerikanische Einfluss.

Du bist dann als Geschäftsführer zu ricardo gegangen – wie ist es dazu gekommen?

Für mich war es die logische Weiterentwicklung – von der Nummer zwei in der Schweiz zur Nummer eins in der Schweiz. Nicht jeder bei eBay hat diese Entscheidung verstanden, aber ich hatte kein Feindbild von ricardo im Kopf und für mich war es eine spannende Aufgabe, denn ricardo war Marktführer in der Schweiz.

Gleichzeitig war ricardo aber auch ein Unternehmen, das völlig unabhängig agieren konnte, ein Unternehmen, bei dem es im Hintergrund keinen Mutterkonzern gegeben hat, der uns Vorgaben gemacht hat. Wir konnten das Geschäft eigenständig führen und das war für mich wichtig. ricardo ist viel stärker unternehmerisch geprägt, d. h., Du bist viel weniger Manager in einem Großkonzern. Mir macht es keinen Spaß nur PowerPoint-Decks zu generieren und mit 50 Leuten zu sprechen, bevor man mit der eigentlichen Arbeit beginnen kann.

Dann bist Du wieder zurück nach Deutschland gekommen und bist nun Geschäftsführer bei momox. Wie ist es dazu gekommen?

Ich kannte momox und hatte mich natürlich auch in der Schweiz schon mit dem Thema Re-Commerce beschäftigt. Mich hat am Thema Re-Commerce fasziniert, dass Du im Gegensatz zu einem Marktplatzbetreiber direkten Einfluss auf die Preise nehmen kannst und damit einen ganz wichtigen Hebel zur Entwicklung von Geschäften in der Hand hast. Ich hab es dann im Vorfeld selber ausprobiert und war begeistert und immer wenn ich selber von etwas begeistert bin, kann ich mir das auch als Geschäft vorstellen. Ich habe dann Christian Wegener kennengelernt und bin nun Geschäftsführer von momox.

Wie kannst Du bei momox Einfluss auf die Preise nehmen?

Wir machen sowohl auf der Ankaufs- als auch auf der Verkaufsseite mehr als 10 Millionen Preise am Tag,

d. h., wir machen die Preise nicht nur einmal, sondern mehrmals am Tag. Wir verkaufen zum Beispiel bei eBay nur zum Festpreis, richten uns aber dabei nicht nur nach dem Wettbewerb. Wenn ein Wettbewerber zum Beispiel einen Bestseller für einen Cent verkauft, werden wir das nicht zwangsläufig auch tun. Die Preisfindung ist bei uns, wie bei jedem anderen Händler auch, natürlich sehr wichtig. Ist der Preis zu hoch, verkaufst du nichts, ist er zu niedrig, verdienst du nichts. Was bei uns besonders ist, ist, dass wir zwei Preise machen. Einmal den Ankaufspreis, der bei anderen Händlern durch Verhandlungen mit dem Lieferanten zustande kommt, und einmal den Verkaufspreis. In unserem Fall setzen wir den Ankaufspreis fest und schauen, ob der Kunde den Preis akzeptiert.

Wir haben im Moment 4,5-5.000.000 Artikel physisch im Lager stehen. Das ist enorm viel und wir verkaufen nicht nur in Deutschland, wir verkaufen auch in Österreich, Großbritannien, in den USA, Kanada und in Frankreich und überall nicht nur auf einem, sondern auf mehreren Marktplätzen. Deshalb machen wir einfach sehr, sehr viele Preise, die auch nicht immer überall gleich sind. Hier kommt es auf die jeweiligen Marktplatzsituationen an, aber auch auf mögliche Versandkosten und für unsere IT ist es ist eine große Herausforderung, die Preise zu managen.

medimops ist unter den eBay-Top-Verkäufern der Welt nach Bewertungspunkten aktuell die Nummer 4, in Deutschland ist es die Nummer 1! Eigentlich kann man fast sagen, dass Du wieder zurück bei eBay bist. Hat sich für Dich der Kreis wieder geschlossen?

Ja, aber heute stehe ich auf der anderen Seite. Meine eBay-Erfahrung hilft mir natürlich manchmal, zu verstehen, warum eBay sich so oder so verhält und natürlich sind auch meine Kontakte zu eBay manchmal hilfreich. Aber als Händler auf eBay siehst du dann natürlich auch manchmal Dinge, bei denen du denkst: „Verflixt, das ist noch immer noch so ...“

Du bist bei eBay zwar sehr aktiv, aber ist eBay nicht auch eine Konkurrenz für Dich?

Natürlich konkurrieren wir ein wenig mit eBay, nicht nur, wenn Kunden von anderen Verkäufern bei eBay-Artikel kaufen, sondern auch, wenn eBay selber in den Re-Commerce-Bereich einsteigt, allerdings war das bei Amazon noch offensichtlicher. Amazon hatte ja das Trade-in-Programm, das sie gerade beendet haben. Die Konkurrenz macht mir allerdings keine Sorgen, weil es immer darauf ankommt, wie attraktiv deine Angebote gegenüber denen der Wettbewerber sind.

Klar ist eBay auch ein Wettbewerber, wenn es darum geht, dass die Kunden sich entscheiden müssen, ob sie ihren Artikel für fünf Euro bei eBay einstellen oder ihn für 1,50 € an uns verkaufen.

Allerdings ist es für die Verkäufer, die sich die Arbeit machen möchten und den Artikel selbst für fünf Euro bei eBay einstellen wollen, auch der richtige Weg. Ich kann nur von mir ausgehen und mir ist es zu mühsam.

Ihr kauft und verkauft international. Wie muss ich mir das vorstellen?

Bücher und Medien kaufen wir in Deutschland, Österreich, Frankreich und Großbritannien an und sammeln alles zentral in Leipzig. Wir verkaufen dann auch wieder in genau diese Länder und zusätzlich in Kanada und in den USA. Es kommt also durchaus vor, dass wir Artikel in Großbritannien einkaufen und sie dann in Kanada verkaufen.

Wie sehen Deine Pläne für momox aus?

2013 haben wir mit ubup.com den Ankauf von Kleidung gestartet, weil wir erkannt haben, dass sich auch in diesem Bereich viele nicht die Mühe machen wollen, den Artikel selbst bei eBay oder auf dem Flohmarkt zu verkaufen, und das passt dann wieder gut zu momox. Für uns ist das natürlich nicht so einfach wie ein Buch, eine CD oder eine DVD, weil Kleidung leider keinen Barcode hat und man keine Datenbank und keinen Katalog kaufen kann, in dem die Artikel aufgelistet sind. Die Prozesse unterscheiden sich also signifikant, aber es ist ein Bereich, in dem wir wachsen, und ein Bereich, der noch unglaublich viel Potenzial hat. Mein Ziel ist es, den Bekleidungsbereich weiter voranzubringen. Wir werden in diesem Jahr ca. 10 Millionen Umsatz damit machen, das sind ungefähr 10 % von unserem Geschäft und ich bin mir sicher, dass wir in wenigen Jahren deutlich mehr als die Hälfte des Umsatzes mit Bekleidung machen werden.

Gleichzeitig werden wir die Internationalisierung stark vorantreiben. In Deutschland sind wir bereits sehr groß, in Frankreich auch, aber in Frankreich gibt es noch sehr viel Potenzial, weil der Markt in Frankreich viel weniger weit entwickelt ist.

Zeigt die Geschichte von Christian Wegner und momox, wie man bei eBay erfolgreich werden kann? Würde das heute noch funktionieren?

Ich denke, dass man auch heute noch sehr erfolgreich bei eBay sein kann, wobei eBay in unserem Fall nur einer von vielen Kanälen ist. Wir verkaufen ja auch bei Amazon, sind dort in Deutschland die Nummer eins und weltweit die Nummer zwei und wir haben ja auch einen eigenen Onlineshop. Wichtig ist es, erst einmal die richtige Idee zu haben. Christian war damals einer der ersten, der diese Idee hatte. Es gab auch andere, die fast zeitgleich gestartet sind. Christian hat damals relativ früh damit begonnen, Preisalgorithmen zu bauen, und das wurde immer weiter entwickelt, sodass wir heute eine IT haben, die hochperformant die Preise managt und die Bestellungen abwickelt. Wir haben kein Standard-IT-System und haben fast alles selber entwickelt und das ist eine große Herausforderung.

Teilweise stoßen wir heute bei eBay und Amazon an die Grenzen. Manche Dinge könnten wir anders machen, können wir aber nicht, weil die APIs von eBay und Amazon nicht schnell genug sind.

Wenn der klassische eBay-Seller am Tag 1000 Artikel verkauft, dann ist er schon ganz gut, aber dann ist das für die API noch keine Herausforderung. Wir verkaufen aber 50.000-100.000 Artikel am Tag und das ist für die API eine Belastungsprobe.

In unserer Größenordnung ist natürlich auch die Logistik eine große Herausforderung. Wir haben 1000 Mitarbeiter und 60.000 m² Lagerfläche in Leipzig und 15.000 m² in Berlin und wir bauen gerade unser drittes Logistikzentrum in Polen auf. Es ist in einem Geschäft wie in unserem, in dem der durchschnittliche Warenkorb unter zehn Euro liegt, extrem wichtig, dass man die Logistik kosteneffizient managen kann.

Insgesamt halte ich einen hohen Grad an Automatisierung für einen wichtigen Erfolgsfaktor.

Um erfolgreich zu werden und zu bleiben, muss man zudem sehr nah am Markt sein, aber dann kann man auch heute noch mit eBay wachsen.

Mein eBay, Marion von Kuczkowski: „Nur mit eBay kann man die ganze Welt erreichen."

Durch meine Freundin, die in den USA lebt, habe ich 1999 eBay entdeckt. Bis zu dem Tag, an dem sie mich mit dem Virus angesteckt hat, war mein Computer nur eine lästige Kiste, die mir Platz im Keller weggenommen hat. Mein geschiedener Mann hatte zuvor vergeblich versucht, mir den Computer schmackhaft zu machen, weil er es leid war, dass die Arbeit, die am PC zu erledigen war, an ihm hängen geblieben ist. So hat er mir eines Tages einen PC mitgebracht, auf dem er ein Spiel installiert hatte. Er wusste, dass mein Bruder und ich früher nächtelang Pac-Man auf unserem C64 gespielt hatten. Über das Spiel „Mahjong" wollte er mich für den Computer begeistern. So schlecht war die Idee nicht, denn das Spiel habe ich tatsächlich gespielt. Ich wusste, wie ich den Computer einschalte und zu meinem Spiel komme, und mehr hat mich nicht interessiert.

Weil ich dann viel zu viel gespielt habe, hat er (das vermute ich zumindest) mein Spiel zerstört, jedenfalls hat es nicht mehr funktioniert und weil er sich geweigert hat, das Spiel zu reparieren, habe ich meinen PC samt Zubehör in den Keller verbannt und damit war das Thema Computer für mich erledigt.

Dann kam meine Freundin aus New York, packte ihren Laptop aus und meinte, dass sie mir etwas zeigen müsste. Als mein geschiedener Mann den Laptop gesehen hat, hatte er nur ein müdes Lächeln für sie. Sie klappte den Laptop auf, surfte zu eBay und schon als ich diese vier bunten Buchstaben gesehen habe, war ich fasziniert.

Auf einen Schlag habe ich die Möglichkeiten gesehen, die sich durch eBay öffnen würden.

Zu dem Zeitpunkt war ich seit mehr als 10 Jahren erfolgreich selbstständig mit einem Sonnenstudio mit angeschlossener Boutique, aber mir fiel die Decke auf den Kopf. 10 Jahre tagaus, tagein jeden Tag der gleiche Ablauf – ich konnte mir nicht vorstellen, das noch 20 oder gar 30 Jahre durchzuhalten. Ich habe mich nach Freiheit und Unabhängigkeit gesehnt, wollte unabhängig von Ort und Zeit arbeiten und ich habe sofort erkannt, dass eBay mir das bieten würde.

Schon in der nächsten Woche habe ich einen Computerkurs und einen Internetkurs belegt und am Wochenende darauf habe ich schon meine erste eBay-Auktion eingestellt. Damit war es um mich geschehen.

Als Boutiquebesitzerin hatte ich überquellende Kleiderschränke und in den nächsten Monaten habe ich bei eBay alles versteigert, was ich länger als ein Jahr nicht getragen hatte. Ich war wie im Rausch und hatte riesig Spaß an eBay. Wie alle anderen Verkäufer habe ich gebannt die eingehenden Gebote beobachtet und bei jeder auslaufenden Auktion zum Ende mitgefiebert. Primär ging es gar nicht um den Preis, es war diese spannende Bieterschlacht, die einfach aufregend war.

Passenderweise war ich 1999 gerade bei meiner Freundin in den USA, als ich von eBay die Mail bekommen habe, in der mir mitgeteilt wurde, dass ich den Powersellerstatus verliehen bekommen habe. In Deutschland gab es zu diesem Zeitpunkt noch gar keine Powerseller und ich war unbeschreiblich glücklich.

Gegen jede Vernunft und zum Entsetzen aller in meinem Umkreis habe ich mich 2001 für eBay entschieden und mein stationäres Geschäft nach 14 Jahren aufgegeben.

Ich habe diese Entscheidung bis heute nicht bereut.

Ich wusste, was ich wollte und was ich nicht wollte, und so habe ich meine weitere eBay-Karriere geplant:

- Ich wollte viel reisen, und zwar am liebsten nach Dubai.

- Ich wollte kein Lager.

- Ich wollte keine Mitarbeiter, für die ich Verantwortung tragen musste und die mich wieder abhängig machen würden.

Der Handel mit echtem Goldschmuck schien meine damaligen Vorgaben zu erfüllen und so bin ich bei eBay in den Schmuckhandel eingestiegen.

Dubai war damals noch etwas anders als heute und so hatte ich schon die ersten Probleme beim Einkauf. Einige Großhändler wollten mit mir als Frau gar keine Geschäfte machen, obwohl ich von Deutschland aus Termine mit ihnen vereinbart hatte. Sie hatten einen Mann erwartet und waren nicht auf eine weibliche Geschäftspartnerin vorbereitet. Für andere war ich als Europäerin gemessen an den Umsätzen der einheimischen Händler ein ganz kleiner Fisch, an dem sie gar kein Interesse hatten. Aber ich habe in Dubai „meine Händler" gefunden und mein eBay-Geschäft aufgebaut.

Was ich am Anfang nicht bedacht und völlig unterschätzt hatte, war, dass Schmuck nicht zu meinen großen Leidenschaften gehört. Schmuck berührt mein Herz nicht. Ich kann zwar schön von weniger schön unterscheiden, ich hatte mir auch einige Fachkenntnisse erworben, empfand aber keine Begeisterung für die einzelnen Schmuckstücke. Schmuck war für mich eine emotionslose Ware, die meine Vorgaben erfüllt hat, aber wenn ich neue Ware bekommen hatte, war das anders als in meiner Boutiquezeit, in der meine Mitarbeiterinnen und ich uns zu Saisonbeginn mit Feuereifer auf jede neue Kiste gestürzt und die Welt um uns vergessen haben. Diese Leidenschaft hat mit gefehlt.

So bin ich dann schleichend wieder in den Textilhandel eingestiegen und war nach kurzer Zeit wieder da, wo ich eigentlich nicht mehr hingewollt hatte. Ich musste ein Lager anmieten, Mitarbeiter einstellen und war wieder gefangen, allerdings hat mich die Goldgräberstimmung, die damals bei eBay herrschte, dafür entschädigt. Es war eine tolle Zeit. eBay war noch relativ klein, die größeren Verkäufer kannten sich untereinander und wir alle hatten viel Spaß.

Zu dieser Zeit habe ich viele Mails von eBay-Nutzern bekommen, die mich in allen möglichen eBay-Fragen um Rat gebeten haben. Mein geschiedener Mann hat mich eines Tages, als ich wieder einmal bis in die späten Abendstunden Mailsupport geleistet habe, gefragt, warum ich nicht einfach ein Buch über eBay schreiben würde. Ich könnte alle Fragen sammeln und in einem Buch beantworten und hätte so wieder etwas mehr Zeit.

Zufällig hatte ich am Tag nach unserem Gespräch ein Interview mit dem „Focus" und auf die Frage, was ich als Nächstes planen würde, habe ich spontan geantwortet, dass ich ein Buch schreiben werde. Nun hatte ich das angekündigt, also habe ich mich hingesetzt und 2002 mein erstes Buch „Power Selling mit eBay", das erste deutsche Buch zum Thema eBay, geschrieben.

Durch das Buch wurde eBay auf mich aufmerksam und da eBay zu dieser Zeit die eBay-Universitys ins Leben gerufen hat, haben sie mich gefragt, ob ich gerne als Referentin dabei wäre. In den folgenden fünf Jahren bin ich mit dem eBay-University-Team durch Deutschland gereist und habe Verkäufer zu den Themen „eBay-Strategie" und „Internationaler Handel" geschult. Dadurch ist meine Bindung an eBay natürlich noch einmal gewachsen und vermutlich fällt es mir dadurch auch bis heute leichter als anderen, auch unpopuläre eBay-Entscheidungen zu verstehen.

Neben den eBay-Universitys kamen dann noch Schulungen und Workshops für die IHK in vielen Städten dazu und so war ich ständig in Sachen eBay unterwegs und hatte immer weniger Zeit, um mich um meinen eigenen eBay-Handel zu kümmern, allerdings habe ich in den ganzen Jahren nie ganz aufgehört, bei eBay zu handeln.

Durch die eBay-Universitys und die IHK-Workshops haben sich 2002 die ersten Powerseller gemeldet, die bei mir eine Beratung buchen wollten, und so habe ich 2002 begonnen, Powerseller und später auch Unternehmen, die bei eBay starten wollten, zu beraten.

Zum Teil habe ich komplette Accounts im Hintergrund gemanagt, Markt- und Wettbewerberanalysen und Strategien erstellt. Damit war ich in meinem Element, denn durch die ganz unterschiedlichen Kategorien musste ich mich ständig neuen Herausforderungen stellen.

2004 habe ich dann das nächste Buch über eBay geschrieben und wie schon beim ersten Buch sehr deutlich festgestellt, wie schnell eBay sich verändert. Da beide Bücher über einen Verlag publiziert wurden, vergingen einige Wochen von der Manuskriptabgabe bis zum Erscheinen und in dieser doch relativ kurzen Zeit hatte eBay schon wieder einiges geändert.

Es ist also nicht so, wie es oft empfunden wird, dass eBay erst viel später mit den ständigen Änderungen angefangen hat, das war schon 2002 so.

Immer wieder haben Kunden mir spannende Projekte anvertraut, wie z. B. den Verkauf eines komplett mit Spiegelscherben besetzten Porsche 356, den ich 2002 in den USA eingestellt habe und der selbst für US-Verhältnisse unglaubliche Zugriffszahlen aus der ganzen Welt hatte. Das Angebot hat extrem polarisiert und so ging es zu einer Zeit viral, als Social Media Marketing in Deutschland noch gar kein Thema war.

Damals wurde ich als erste Deutsche Mitglied der eBay-Elite, dem Kreis der Top 500 eBay-Verkäufer der Welt und ich wurde aufgenommen im *International WHO'S WHO of Entrepreneurs*™. Natürlich habe ich mich über diese Auszeichnungen gefreut, aber auch wenn man sich das heute vielleicht gar nicht mehr vorstellen kann, die Auszeichnung, auf die ich am meisten stolz war, war, als ich 1999 das erste Mal Powerseller geworden bin.

Für einen Künstler aus Bayern habe ich eine limitierte Schmuckkollektion aus recyceltem Porzellan entworfen, die wir dann bei eBay erfolgreich verkauft haben. Für Otto habe ich den Verkauf von Rückläufern und Restposten übernommen und als einmal aus angekündigten 6.000 Teilen 15.000 Teile wurden, habe ich kurzerhand einen Pop-up-Shop in Berlin eröffnet, weil ich gar keine Lagerfläche für 15.000 Teile hatte und erst einmal Ordnung schaffen musste.

Schon 2005 wollte sich kaum jemand an den internationalen Handel wagen, weil viele immer wieder behauptet haben, dass es von Deutschland aus nicht gelingen würde, eine Marke international aufzubauen.

In dem Moment, in dem ich höre, dass etwas nicht funktionieren kann, wird mein Unternehmergeist wach und ich mache mich auf, das Gegenteil zu beweisen. Und so habe ich dann mein wohl stressigstes, aber auch eines meiner schönsten Projekte entworfen.

Am Anfang stand die Suche nach einem Produkt, das man weltweit verkaufen konnte. Welche Produkte – abgesehen von deutschen Marken – sind international nachgefragt?

Meine Aufgabe habe ich darin gesehen, ein Produkt, eine Marke zu schaffen, die es weltweit noch nicht gibt. Ich habe bei eBay Top-Produkte, aber auch bei Alexa die Top-Webseiten in verschiedenen Ländern recherchiert und am Ende konnte ich die Antwort auf meine Frage „Was ist weltweit nachgefragt?" auf „Kunst und Sex" eingrenzen. Das beides habe ich gemischt und so entstand das sexy Kunstprojekt „millioncrystalbody".

Mit einem Team von 10 Leuten haben wir 7 Tage lang mit Pinzette und Zahnstocher bewaffnet ein Model mit 1 Million Swarovski-Kristallen beklebt und diese Kristalle sollten einzeln bei eBay von ihrem Körper wieder abverkauft werden. Mit dieser Aktion war ich damals die Erste und bin bis heute die Einzige, die tatsächlich direkt auf allen verfügbaren eBay-Marktplätzen von Amerika, Australien über Malaysia und China bis hin zu den südamerikanischen Marktplätzen eingestellt hat.

Vor allem die asiatischen Marktplätze, die es heute gar nicht mehr gibt, waren ein riesiges Problem, weil es weltweit kein Tool gab, über das wir hätten einstellen oder gar abwickeln können. So mussten die Angebote auf vielen Marktplätzen manuell eingestellt und abgewickelt werden – das war bei diesem Mammutprojekt eine recht große Herausforderung. Insgesamt gab es viele technische Hürden, die mir erst bewusst geworden sind, als ich tatsächlich auf allen globalen eBay-Marktplätzen aktive Angebote eingestellt hatte und an sämtliche eBay-Grenzen gestoßen bin.

Bei eBay in China z. B. gab es zwar PayPal, aber von Deutschland aus konnte ich dieses PayPal nicht nutzen. Da wir für die Abwicklung ohnehin einen Partner in China hatten, liefen die chinesischen Transaktionen zwar über meinen eBay-Account, aber über sein PayPal-Konto, während die restlichen Länder der Welt wieder über mein PayPal-Konto abgewickelt werden konnten, und so mussten wir in mehreren Ländern immer wieder improvisieren und eigene Lösungen finden, um ein Projekt in dieser Größenordnung überhaupt international abwickeln zu können. Es gab auch lustige Geschichten, z. B. Bestellungen aus Ländern, die niemand kannte und bei denen erst einmal gar nicht klar war, in welche Versandzone sie einzuordnen sind, oder Anfragen in Sprachen, die unser Übersetzerteam, das über 40 Sprachen übersetzen konnte, nicht zuordnen konnte.

Die asiatischen Marktplätze waren jedoch mit Abstand unser stärkster Markt und bis heute lässt mich die Idee nicht los, Produkte nach Asien zu verkaufen.

Millioncrystalbody hat damals alle Rekorde gebrochen. Vier Tage nach dem Start hatten wir auf der begleitenden Webseite mehr Traffic als eBay Österreich und unsere Server-Kapazitäten mussten ständig angepasst werden. Bei Alexa waren wir einige Tage nach dem Start unter den Topseiten der Welt. Aus allen Ländern der Welt kamen Presseanfragen, die ich damals ohne Agenturhilfe gar nicht hätte abarbeiten können. Für mich war und ist dieses Projekt bis heute mein Lieblingsprojekt, denn das, was ich zeigen wollte, habe ich mit diesem Projekt bewiesen: dass man mit eBay die ganze Welt erreichen kann und das kann bis heute keine andere Plattform leisten.

In den darauf folgenden Jahren habe ich mich auf die klassischen Projekte konzentriert, habe einige Bücher geschrieben, Unternehmen beraten und mich um verschiedene Blogs gekümmert, bis ich dann im letzten Jahr wieder einmal das Gefühl hatte, etwas beweisen zu müssen. Immer wieder muss ich Vorurteile aus dem Weg räumen, dass man mit eBay heute kein Geld mehr verdienen kann, und das sehe ich anders. So war meine Idee, mit 1000 € Startkapital ein komplett neues eBay-Business aufzubauen und nach sechs Monaten so viel damit zu verdienen, dass es zum Lebensunterhalt reichen würde. Das Ganze wollte ich Schritt für Schritt in einem Buch dokumentieren. In den 1000 € Startkapital waren alle Startkosten von der Ware bis zum Verpackungsmaterial enthalten, nur das technische Equipment wie einen Computer, Drucker usw. habe ich vorausgesetzt.

Angefangen habe ich im März 2014 und am Anfang lief alles nach Plan. Ich konnte dieses neue Projekt nebenbei abwickeln und die einzelnen Schritte für mein Buchprojekt dokumentieren.

Ich hatte mich entschieden, in den USA zu handeln, einfach weil ich mit diesem Projekt erst einmal ohne Impressum „Unter Radar" handeln wollte. „Unter Radar" heißt nicht an der Steuer vorbei, sondern unbemerkt von deutschen „Beobachtern". Jeden Cent, den ich eingenommen habe, habe ich sofort wieder in Ware investiert und so hat es nicht lange gedauert und das Projekt ist sehr viel stärker gewachsen, als ich ursprünglich eingeplant hatte. Schon nach wenigen Wochen blieb gar keine Zeit mehr, die einzelnen Schritte zu dokumentieren, und ich war wieder voll im eBay-Wahn.

Am Ende des Jahres war mein Umsatz sechsstellig, aber das Weihnachtsgeschäft hat mich auch an meine Grenzen bzw. fast darüber hinweg gebracht. Ich hatte das Glück, dass ich die ganze Zeit unter Radar geblieben bin und dadurch keine Wettbewerber auf den Plan gerufen habe, die mich in Preisschlachten verwickelt haben. Dieses Glück habe ich natürlich mitgenommen. Bis Weihnachten habe ich nur funktioniert und hatte gar keine Zeit, mir Gedanken zu machen, wie es in Zukunft weitergehen sollte. Es war klar, dass es so auf Dauer nicht funktionieren würde, weil es ursprünglich nur als kleines Projekt für sechs Monate geplant war. Ich war wieder einmal an dem Punkt, an dem ich überlegen musste, ob ich wieder ein Lager anmiete, Mitarbeiter einstelle und wieder als Verkäufer voll durchstarte.

Auf der einen Seite hatte ich riesigen Spaß, auf der anderen Seite hatte ich kaum noch Zeit für die anderen Dinge, die ich mir in den letzten Jahren aufgebaut hatte, und wieder voll als Verkäufer einzusteigen, hätte auch wieder den Verlust meiner Unabhängigkeit bedeutet. Wäre es nur um eBay gegangen, wäre mir die Entscheidung vermutlich sehr schwer gefallen, aber ich hatte während der ganzen Zeit mit der Spaßbremse DHL/Deutsche Post zu kämpfen – ein Unternehmen, das mich oft an den Rande des Wahnsinns getrieben hat, und als dann auch noch der DHL-Streik kam, war meine Entscheidung gefallen, mein Projekt wieder zu beenden.

Längst hatte ich auch realisiert, dass ich aus diesem Projekt kein Buch machen könnte, denn der internationale Handel ist eben doch etwas spezieller, setzt extremes eBay-Know-how voraus und die Strategien sind zudem auf Deutschland nicht übertragbar. Und so habe ich den US-Account wieder heruntergefahren und nutze ihn nun wie meinen deutschen Account als „Testaccount" für meine Ideen oder auch um für Kunden Dinge auszutesten, die sie mit ihren eigenen Accounts nicht testen können oder wollen. Der Umsatz steht nun nicht mehr im Vordergrund und ich habe mir eine Obergrenze von höchstens 300 verkauften Artikeln pro Monat gesetzt, weil ich das in dieser Größenordnung noch nebenbei abwickeln kann und trotzdem aktiv im Geschäft bin und up to date bleibe. Mein Leben ist wieder etwas ruhiger geworden und das ist gut so, denn nun kann ich mich auch wieder mehr um die Dinge kümmern, die ich mir in den letzten Jahren aufgebaut habe, wie z. B. Beratungsdienstleistungen anbieten, oder eben auch ein Buch wie dieses schreiben. Und ich habe auch wieder etwas mehr Zeit für meinen Blog take-me-to-auction (http://www.take-me-to-auction.de), den ich im letzten Jahr immer wieder vernachlässigen musste.

Es hat mir Spaß gemacht, wieder einmal einen Account in Rekordzeit nach oben zu bringen, aber mir reicht das Wissen, dass ich es jederzeit kann.

In den letzten 16 Jahren habe ich mit und durch eBay so viel erlebt und auch wenn es Situationen gegeben hat, in denen ich mich über eBay geärgert habe, so möchte ich eBay auf keinen Fall missen und so werde ich eBay auch in den nächsten Jahren treu bleiben.

Resümee

Die Arbeit an diesem Buch hat mir sehr viel Spaß gemacht. Bei vielen Interviews mit meinen alten Weggefährten musste ich nur das Stichwort eBay geben und schon sprudelte es nur so aus ihnen heraus. Teilweise bin ich in der ersten halben Stunde gar nicht dazu gekommen, eine meiner Fragen zu stellen, allerdings konnte ich dadurch auch fantastische Geschichten einsammeln, an denen ich viel Spaß hatte.

Die Stimmung gegenüber eBay habe ich überwiegend als sehr positiv wahrgenommen.

Besonders positiv nehmen die Händler an eBay wahr, dass eBay nicht in Konkurrenz zu den Händlern steht und dass es bei eBay viele Möglichkeiten gibt, sich zu positionieren. Für die Einführung der Mängelquote, die eBay in vielen Foren sehr viel Kritik eingebracht hat, gab es von den Händlern, mit denen ich gesprochen habe, ausschließlich positive Bewertungen, weil die Einführung der Mängelquote einen Qualitätsschub bei eBay ausgelöst hat, der letztendlich auch den Verkäufern zugutegekommen ist. Besonders positiv werden die für 2016 angekündigten Änderungen bewertet, weil mit dieser Änderung die subjektiven Mängel nicht mehr ins Gewicht fallen.

Meine Interviewpartner waren sich überwiegend einig, dass es auch heute noch möglich ist, ein erfolgreiches eBay-Business aufzuziehen. Zusammenfassend hier die wichtigsten Tipps:

Automatisierung

Daniel Kempkes hat es schön auf den Punkt gebracht:

Alles, was man heute am Tag 1 x macht, muss so organisiert sein, dass man es auch 1000 x machen kann. Und wenn man es dann 1000 x am Tag machen darf, dann sollte es auch so organisiert sein, dass man es nicht nur persönlich kann, sondern auch an Personal delegieren kann.

Marktplatzkenntnis

Andreas Müller sieht es durchaus als Vorteil, dass eBay schwieriger zu starten ist als Amazon, und Daniel Kempkes hat recht, wenn er sagt, dass man sich auf eBay einlassen und auf viele Details achten muss. Der Erfolg bei eBay setzt sich immer aus vielen unterschiedlichen Komponenten zusammen und je mehr man in der Lage ist, die speziellen Anforderungen bei eBay umzusetzen, desto eher wird man bei eBay Erfolg haben.

Wettbewerberanalysen

Wettbewerberanalysen helfen dabei, den Marktplatz besser zu verstehen und herauszufinden, warum nicht immer nur der Preis das alles entscheidende Kriterium bei eBay ist.

Auf Qualität setzen

Die Zeiten, in denen man bei eBay alles verkaufen konnte, sind längst vorbei. Heute und in Zukunft werden sich nur die Verkäufer durchsetzen, die auf Qualität setzen und in der Lage sind, eine professionelle Abwicklung auf höchstem Niveau zu gewährleisten. Zu den Selbstverständlichkeiten gehören eine schnelle Versandabwicklung und die Kommunikationsbereitschaft.

KISS – Keep it short and simple

Wenn Ulrike Pechmann von clever commerce fordert: KISS = keep it short und simple = gestalte es kurz und einfach, dann meint sie damit das Design. Und sie geht noch einen Schritt weiter, wenn sie sagt: „Das Design muss nicht schön sein, es muss passen." Diese Forderung lässt sich nicht nur auf das Design anwenden, denn weniger ist bei eBay manchmal mehr! Zu viel Fachkenntnis kann manchmal im Weg stehen, wenn die Überschriften und Artikelbeschreibungen mit Fachbegriffen überladen sind, die nur ein Insider, nicht aber der normale eBay-Käufer versteht.

Produktfindung

Fast alle meine Interviewpartner sind sich einig, dass bei eBay vor allem in Nischen noch Platz für aufstrebende Newcomer ist. Unsere Welt verändert sich täglich und dadurch entsteht auch immer wieder ein neuer Bedarf an Produkten, die heute noch nicht in Massen angeboten werden. Wie verschiedene Beispiele in dem Buch zeigen, sind vor allem Problemlösungen immer eine gute Ausgangsbasis, um ein erfolgreiches Unternehmen zu gründen. Andreas Voswinckel konnte damals das Problem von Siemens lösen, weil Siemens damals anonym bei eBay verkaufen wollte. Heute löste er erneut Probleme, indem er sich auf den Weg nach Hongkong macht, um die Probleme der chinesischen Händler zu lösen. Daniel Kempkes war mit der Qualität der Folien für seinen PDA nicht zufrieden, also hat er seine eigenen Folien entworfen und damit ein sehr erfolgreiches Unternehmen aufgebaut. Momox löst das Problem der Faulen, die nicht selber bei eBay einstellen wollen, und die steigenden Umsatzzahlen zeigen eindrucksvoll, dass dieser Markt ein großes Potenzial hat.

Elmar Denkmann hat das Marktanalysetool Baywotch erfunden, weil er selbst eine Marktanalyse machen wollte und es kein passendes Tool gab. Das nächste Problem, für das er eine Lösung gefunden hat, war das Problem eines Kunden, der einen Repricer für eBay vermisst hat. Und auch Frank Weyermann verdankt seinen eBay-Start einer Problemlösung, weil auch er damals kein Tool gefunden hat, mit dem er seine geplante Verkäuferkarriere starten konnte. Auch im Bereich Affiliatemarketing beschäftigen sich Frank und Elmar heute mit den Problemlösungen, denn wenn im stationären Handel im Sommer wieder einmal die Ventilatoren ausverkauft sind, kann Frank helfen, sie online zu finden. Und wenn Elmar erkennt, dass die eBay-Nutzer nicht immer zufrieden mit der eBay-Suche sind, dann setzt er sich hin und programmiert eine bessere. Ulrike Pechmann beschäftigt sich den ganzen Tag über mit Problemen rund um eBay und den E-Commerce und findet Lösungen für ihre Kunden und sichert sich damit einen Fulltime-Job. Bastian Mell hat damals die Lücke im Paketbeilagenmarkt erkannt und sie geschlossen. Von Skeptikern hat er sich nicht vom Weg abbringen lassen und heute spielt er selbst in der Oberliga mit. Ralf Herrmann hat festgestellt, dass Händler, die aus Deutschland in Asien einkaufen wollen, professionelle Hilfe benötigen und bietet sie an.

Immer, wenn Sie selbst ein Problem sehen, das Sie lösen könnten, oder wenn Sie auf der Suche nach einem Produkt in Nischen stoßen, die Sie bedienen könnten, kann das der Einstieg in ein erfolgreiches Business werden.

Neben den reinen eBay-Tipps gibt es weitere Tipps, die zu den erfolgversprechenden Faktoren einer Gründung zählen:

Auf mehrere Standbeine setzen

In den Anfangsjahren haben viele ausschließlich auf eBay gesetzt, diese Zeiten sind heute vorbei. Heute muss man über den Tellerrand schauen und sich als E-Commerce-Händler etablieren.

Positives Denken und Spaß an der Arbeit

Bei allen Interviewpartnern konnte ich den Spaß, man kann fast sagen die Liebe, die sie ihrem Job gegenüber empfinden, spüren. Alexander Zacke hat es schön auf den Punkt gebracht. „Die ganzen negativen Dinge, ... an denen andere zerbrechen, können mir nichts anhaben, weil ich diese Urfreude in mir habe." Diesen Punkt halte ich für sehr wichtig, denn während viele eBayer fortwährend lamentieren, sich tagelang mit einer negativen Bewertung beschäftigten oder Verantwortliche (in der Regel eBay) suchen, denen sie die Schuld daran geben können, dass sie nicht vorankommen, können negative Energien den erfolgreichen Unternehmern nichts anhaben, weil sie eine extrem positive Grundstimmung mitbringen.

Daniel Kempkes fasst das schön zusammen: „Preiskampf und aus Verkäufersicht vermeintlich problematische Kunden sind ja nichts Neues, dem muss man sich stellen, Lösungen finden.

Es reibt einen auf, wenn man täglich dagegen ankämpft. Besser ist es, sein Business — im Sinne des Kunden — darauf auszurichten. Wenn man dann kein Geld mehr verdient oder weiterhin gegen innere Überzeugungen handelt, aufhören! Irgendetwas anderes machen oder sich ein anderes Produkt suchen."

Mut

Es gehört immer auch Mut dazu, ein Business zu gründen. So hat Elmar Denkmann seinen sicheren Job bei Maxdata gekündigt, um sich in das Abenteuer eBay zu stürzen. Bastian Mell von PaketPLUS hat auf die eBay-Abfindung verzichtet, als er bei eBay gekündigt hat, und musste eine lange Durststrecke überwinden, bevor der Erfolg ihn ernähren konnte. Er hat sich auch in dieser schwierigen Zeit nicht von Menschen demotivieren lassen, die nicht an sein Projekt geglaubt haben. Alexander Zacke hat sich von allen operativen Geschäften getrennt, um sich voll seinem geplanten Projekt widmen zu können, und auch ich habe ein erfolgreiches Business aufgegeben, weil ich an meinen Erfolg bei eBay geglaubt habe. Ralf Herrmann ist einen großen Schritt gegangen, als er seine Zelte in Deutschland abgebrochen hat, um in Hongkong völlig neu zu starten. Joachim M. Guentert war auf dem Weg nach Hollywood, als sein Herz anfing, für eBay zu schlagen, und er seine Karrierepläne für ein in den Kinderschuhen steckendes Start-up geändert hat.

Wer einen neuen Weg gehen will, muss auch bereit sein, den alten zu verlassen.

Fehler analysieren

Der Weg zum Erfolg geht selten steil nach oben und wenn der erste Versuch scheitert, ist es wichtig, die Fehler selbstkritisch zu analysieren, wieder aufzustehen und es beim nächsten Anlauf besser zu machen, wie die Geschichte von Andreas Voswinckel eindrucksvoll zeigt.

Die Sorgen der Händler

Natürlich gibt es auch Dinge, die den Händlern Sorgen bereiten, und dazu zählt der rechtliche Bereich.

Rechtliche Probleme

Niemand wird abstreiten, dass Abmahnungen ein nutzbarer Weg sind, um einer Wettbewerbsbenachteiligung entgegenzuwirken und das Instrument der Abmahnung damit ein wichtiger Bestandteil der Rechtsprechung ist.

Problematisch ist, dass ein rechtskonformes Handeln für den Händler oft nicht möglich ist, weil die Plattformen die Voraussetzungen nicht zur Verfügung stellen.

Problematisch ist auch, dass Gerichte zum Teil praxisferne Urteile fällen, die daraus resultieren, dass Richtern sowohl der nötige Sachverstand als auch die Zeit fehlt, sich in komplexe Sachverhalte einzuarbeiten.

Der BVOH steht sowohl mit Plattformbetreibern als auch mit Richtern und Gerichten im Dialog und arbeitet daran, die Situation für Marktplatzhändler zu verbessern.

Händler aus China

Im Grunde genommen geht es auch bei den chinesischen Händlern, die den Händlern zum Teil Sorge bereiten, um den rechtlichen Bereich. Die Tatsachen, dass sie in Deutschland keine Steuern zahlen, keine Gewährleistung übernehmen und auch keinem Abmahnrisiko ausgesetzt sind, verzerren den Wettbewerb und erinnern zum Teil an die Wild-West-Zeiten der frühen eBay-Jahre.

Hier wird jedoch auch bereits auf mehreren Ebenen nach Lösungen gesucht.

Kritik an eBay

Die Kritik an eBay hielt sich während der Interviews in Grenzen. Mehrmals wurde bemängelt, dass Amazon intuitiver zu bedienen ist und den Käufern das Einkaufen sehr viel leichter macht. Die meiste Kritik bekommt in diesem Zusammenhang die eBay-Suche, die deutlich verbesserungswürdig ist. Auch der Verlust des Google-Rankings wurde immer wieder kritisch erwähnt, allerdings hat eBay dieses Problem bereits erkannt und arbeitet daran.

Ulrike Pechmann fasst einen Wunsch ganz einfach zusammen: Jeder eBay-Mitarbeiter sollte selbst wenigstens 1000 Artikel bei eBay verkauft haben und da dieser Wunsch nicht realisierbar ist, bleibt der Wunsch, dass eBay wieder ein wenig mehr auf Verkäufer und Käufer hört und bei Entscheidungen auch Nutzer einbezieht, die die Praxis kennen.

Es wäre schön, wenn es eBay wieder etwas mehr gelingen würde, dass eBay-Fieber zu entfachen. Durch die starke eBay-Community hatte eBay früher eine große Fanbase. eBay hat mit Veranstaltungen dazu beigetragen, dass die Menschen sich als Teil einer großen Gemeinschaft gefühlt haben, dass sie sich miteinander austauschen konnten und den Spirit von eBay hautnah gespürt haben.

Es sind Emotionen, die eBay groß gemacht haben, und es sind die auch heute noch stattfindenden Auktionen, die weltweit viral gehen, Angebote, die die Menschen auf der ganzen Welt begeistern und die es nur bei eBay gibt und die eBay eben doch ganz deutlich von allen anderen Marktplätzen unterscheidet. Und ich schließe dieses Kapital mit einem Zitat von Andreas Voswinckel: „eBay muss aufhören, sich an Amazon zu orientieren, und sich auf die eigenen Stärken konzentrieren. eBay hat es nicht nötig, Amazon hinterherzulaufen."

Beenden möchte ich das Buch mit einer Auswahl jener Angebote, die die Stärke und den Charme von eBay ausmachen – aufsehenerregende Angebote für die es auf der ganzen Welt nur einen Platz gibt: eBay!

Der Charme von eBay – besondere eBay-Angebote

Den bisher größten Hype in Deutschland hat die Versteigerung des Papstgolfes im Mai 2005 ausgelöst. „Deutschland war im April 2005 gerade Papst geworden" und der 21-jährige Benjamin Halbe konnte daraus Kapital schlagen. Er selbst hatte für den Golf mit dem berühmten Vorbesitzer Joseph Kardinal Ratzinger 9500 € bezahlt und konnte sich am Ende der Versteigerung über einen Erlös von 188.938,88 Euro freuen. Der eBay-Mutterkonzern hat damals extra Serverkapazitäten freimachen müssen, um den Ansturm der insgesamt 8,4 Millionen Internetnutzer, die sich die Auktion angesehen haben, zu bewältigen.

Käufer war damals das GoldenPalace Casino, das sich immer wieder den Zuschlag bei kuriosen eBay-Auktionen gesichert hat. Zu der eBay-Sammlung des GoldenPalace gehört der Nierenstein von William Shatner, den viele als Captain Kirk von Raumschiff Enterprise kennen. Shatner spendete den Erlös von 25.000 Dollar.

Ein anderes kurioses Sammlerstück, das die Sammlung des GoldenPalace ziert, ist die Hälfte eines angebissenen Käsetoasts, auf dem Menschen mit sehr viel Fantasie das Antlitz der Jungfrau Maria erkennen können. 28.000 Dollar brachte dieser wohl teuerste Käsetoast der Welt. Mehrere eBay-Verkäufer, die Teile ihres Körpers als Tattoofläche bei eBay angeboten haben, werden täglich daran erinnert, wer den Zuschlag erhalten hat, denn auch in diesem Körperkunstbereich hat GoldenPalace sich einige Werbeflächen gesichert. Als die Amerikanerin Terri Ilagan 2005 bei eBay angeboten hat, ihren Namen nach Wunsch des Höchstbieters zu ändern, sicherte sich GoldenPalace für knapp 15.000 Dollar den Zuschlag und aus Terri Ilagan wurde ganz offiziell GoldenPalace.com.

Rekorderlöse

Den bislang höchsten Preis bei eBay hat eine Gigajacht, die von Frank Mulder designt wurde, eingebracht. Sie wechselte 2006 für 168 Mio. US-Dollar den Besitzer.

2001 wurde ein Gulfstream Jet für 4,9 Mio US-Dollar verkauft und im August 2014 wurde ein gut erhaltenes Comicheft „Superman #1" für 3.2 Mio. US-Dollar bei eBay verkauft. Damit ist das Comic das teuerste Comicheft, das jemals verkauft wurde.

Im Oktober 2012 stand bei eBay ein wenig bekannter Brief von Albert Einstein aus dem Jahr 1954 zum Verkauf, in dem der Nobelpreisträger sich über sein Verhältnis zur Religion äußerte. Nur zwei Bieter zeigten Interesse, dennoch wurde ein Rekordpreis von 3.000.100 US-Dollar erzielt.

Einer der erfolgreichsten Rekordjäger bei eBay ist kein geringerer als Warren Buffet. Schon 13 Mal hat der Großinvestor und Unternehmer bei eBay ein gemeinsames Mittagessen mit ihm versteigert. Der Erlös kommt seiner Charityorganisation „Glide" zugute, die sich um Bedürftige in San Francisco kümmert. Der bisherige Höchstzuschlag für ein Mittagessen mit Warren Buffet lag bei 3,46 Mio. US-Dollar.

Im Vergleich zu einem Mittagessen mit Warren Buffet ging 2006 ein Silvesterabend mit Paris Hilton zum „Schnäppchenpreis" von 200.000 Dollar über den Tisch.

Verrückt, erstaunlich? eBay!

Bei eBay sind schon ganze Dörfer versteigert worden, wie das kalifornische Bridgeville, das 2002 inklusive Postamt und Friedhof dank eBay für 1.177.877 US-Dollar den Besitzer wechselte.

Ein Atomschutzbunker in England ging für umgerechnet 22.000 Euro verhältnismäßig günstig über die virtuelle Ladentheke, sehr viel mehr brachte die Grabstätte über Marilyn Monroe, die 2009 für 4,6 Mio. Dollar bei eBay versteigert wurde.

2008 gab es bei eBay ein ganz neues Leben zu ersteigern. Der in Australien lebende Brite Ian Usher wollte sein Leben inklusive Haus, Auto, Job und Vorstellung seiner Freunde verkaufen. Am Ende seiner Entrümpelungsaktion sollte nur noch Geld und sein Reisepass übrig bleiben. Der Höchstbieter nahm ihm sein Leben für 399.000 Australische Dollar ab.

Immer wieder haben Verkäufer bei eBay mit nur einem Artikel auf einen Schlag ein kleines Vermögen gemacht: Für 10.000 US-Dollar hat ein Nachtklub-Besitzer das berühmteste Wahrzeichen von Hollywood gekauft: Das Hollywood Schriftzeichen, das von 1923 bis 1978 den Hügel oberhalb von Los Angeles zierte. 2005 konnte er das Hollywood-Zeichen bei eBay für 450.000 US-Dollar verkaufen.

2001 wurde die älteste Levi's Jeans für 46.000 US-Dollar an Levi Strauss & Co verkauft.

8100 Dollar brachte ein Chicken McNugget, das aussieht wie das Profil von Georg Washington.

Ein mikrowellengeröstetes Galaxy S3 brachte knapp 2000 Dollar.

Ein Eimer voller Münzen hat 12250 Euro gebracht.

Das selbstgemalte Bild eines Gorillas ging für knapp 200 Euro über die virtuelle Ladentheke.

Für 50.000 Euro sicherte sich ein Bieter mit dem Wahrzeichen des Sommermärchens 2006 den 50 Tonnen schweren, begehbaren WM-Globus.

Eine Flasche Bier aus dem Jahr 1852 fand 2007 auf eBay einen Käufer, der bereit war, dafür 503.000 US-Dollar auf den Tisch zu blättern.

2014 konnte ein italienischer Reporter Papst Franziskus seine Kappe abschwatzen und konnte damit bei eBay 89.050 Euro für einen guten Zweck einsammeln.

„Aus Sch… Gold machen" – das gelang dem Promipaar Katie Holmes und Tom Cruise, die 2006 die ersten Ausscheidungen ihres Töchterchens Suri in Bronze gießen ließen und den „Haufen Kunst" bei eBay versteigerten.

Royals

Das englische Königshaus hat eine große Fanbase und wenn es bei eBay royale Angebote gibt, schlagen die Fans zu. Liebesbriefe von Prinz Charles an seine damalige Freundin Camilla sind bei eBay schon für umgerechnet 22.000 Euro versteigert worden.

Den Vogel konnte der geweihähnliche Hut von Prinzessin Beatrice abschießen, den sie zur Hochzeit von Kate und William trug. Dieser Kopfschmuck hatte weltweit Erstaunen hervorgerufen und ein Sammler blätterte am Ende der Auktion umgerechnet 90.000 Euro für das Kunstwerk hin.

Der krönende Abschluss dieser Liste führt uns wieder an den Anfang der eBay-Geschichte: Die Hochzeit von Kate Middleton und Prinz William löste 2011 einen weltweiten Hype aus, der natürlich auch bei eBay Einzug gehalten hat. Ausgerechnet der Süßwarenhersteller PEZ sprang auf diesen Zug auf und kreierte als ganz besonderen PEZ-Spender ein Unikat mit den Köpfen der frisch Vermählten. 8.200 Pfund Sterling kamen so für einen guten Zweck zusammen.

Täglich gibt es bei eBay unendlich viele Angebote, die einfach nur Spaß machen, Angebote, die die Herzen der Sammler höherschlagen lassen, und Angebote, für die es auf der ganzen Welt keinen besseren Platz als eBay gibt und ich hoffe, dass uns das noch viele Jahre erhalten bleiben wird!

Vielen Dank an alle Mitwirkenden

Die letzte Seite möchte ich gerne nutzen, um Danke zu sagen, und mein allererster Dank gilt eBay: Danke für die vielen aufregenden Jahre, die durch Höhen und Tiefen geprägt waren, aber am Ende mein Leben doch immer wieder bereichert haben!

Ein ganz besonderes Dankeschön gilt allen meinen Interviewpartnern. Es hat mir riesig Spaß gemacht, mit Euch über eBay zu plauschen!

Torsten Hornung
Briefmarkenhändler
eBay-Shop: http://stores.ebay.de/Briefmarken-Munzen-TorstenHornung
Webseite: http://www.torsten.com/

Joachim M. Guentert
ehemaliger Leiter der Unternehmenskommunikation von eBay Deutschland, Österreich und Schweiz und heute internationaler Kommunikationsberater.
Webseite: http://www.guentert-network.com

Daniel Kempkes
Geschäftsführer Ecultor
eBay-Shop: http://stores.ebay.de/Displayschutzfolien
eBay-Shop: http://stores.ebay.de/Handy-Schutzfolien
Webseite: http://www.dipos.de/

Andreas Müller
Geschäftsführer Deltatecc
eBay-Shop: http://stores.ebay.de/Deltatecc
eBay-Shop: http://stores.ebay.de/deltatecc-prime
eBay-Shop: http://stores.ebay.de/deltatecc-home
Online-Shop: http://www.expert-mueller.de

Elmar Denkmann
Baywotch

Webseite: http://www.baywotch.de
Webseite: http://www.bayprice.de/
Webseite: http://baygel.de
Webseite: http://mspy.de
Ralf Herrmann
HQP Trading
Webseite: http://www.hqp.hk
Andreas Voswinckel
Geschäftsführer Limal GmbH
Webseite: www.limal.de
Webseite: http://www.tradizio.de
eBay-Shop: http://stores.ebay.de/LIMAL
eBay-Shop: http://stores.ebay.de/LIMAL-Fashion
eBay-Shop: http://stores.ebay.de/limal-autoteile
eBay-Shop: http://stores.ebay.de/limal-living
Mark Steier
Betreiber wortfilter.de
Webseite: http://www.wortfilter.de
Arndt J. Nagel
Rechtsanwalt IT-Recht Kanzlei München
Webseite: http://www.it-recht-kanzlei.de
Oliver Prothmann
Präsident BVOH
Webseite: http://www.bvoh.de
Webseite: http://www.choice-in-ecommerce.org/de
Alexander Zacke
CEO Auctionata
Webseite: https://auctionata.de
Bastian Mell
Geschäftsführer PaketPLUS
Webseite: http://www.paketplus.de
Frank Weyermann
Betreiber Onlinemarktplatz.de
Webseite: http://www.onlinemarktplatz.de

Webseite: http://www.spassmarktplatz.de
Ulrike Pechmann
Geschäftsführerin clever commerce
Webseite: http://www.clevercommerce.de
Heiner Kroke
CEO momox
Webseite: http://www.momox.de
Webseite: http://www.medimops.de
Webseite: http://www.ubup.com

Bedanken möchte ich mich an dieser Stelle auch bei Thomas Malyska alias Fotomek (http://www.fotomek.de), der meine Covervorstellung wieder einmal perfekt umgesetzt hat, und bei meiner Korrektorin Claudia Heinen (http://sks-heinen.de/), die meinem Manuskript wieder den Schliff verpasst hat. Und zum Schluss bedanke ich mich auch ganz herzlich bei den treuen Lesern meiner Bücher, vor allem bei denen, die mir immer wieder wertvolles Feedback zukommen lassen.

Weitere Publikationen

eBay-Umsatzmillionäre 2014

Ein erfolgreiches eBay-Unternehmen baut man nicht über Nacht auf. Neben Zeit und Erfahrung gehören herausragende Markt- und Marktplatzkenntnisse zu den Grundpfeilern, die nötig sind, um ein einträgliches eBay-Unternehmen aufzubauen.

In „eBay-Umsatzmillionäre 2014" habe ich die Angebote von 432 eBay-Verkäufern analysiert, die auf dem deutschen eBay-Marktplatz einen Umsatz von mindestens 100.000 Euro pro Monat generieren und die Auswertungen liefern die Antworten auf die Fragen, die sich jeder ambitionierte eBay-Verkäufer stellen sollte, der bei eBay erfolgreich verkaufen möchte, wie z. B.:

• Was verkauft sich gut bei eBay? Was sind die Bestseller der eBay-Umsatzmillionäre?

• Wie hoch ist der durchschnittliche Verkaufspreis der bei eBay verkauften Artikel?

• An welchen Tagen werden bei eBay die meisten Artikel verkauft und an welchen Tagen werden bei eBay die
höchsten Verkaufspreise erzielt?
• Welche Angebotslaufzeit hat sich in Bezug auf Verkaufspreis und Verkaufsquote bewährt?
• Wie hoch ist der Anteil an Auktionen im Formatmix
der Verkäufer?

Erfahren Sie in „eBay-Umsatzmillionäre 2014" wie
die Erfolgszahlen von 432 eBay-Umsatzmillionären
aussehen und holen Sie sich Anregungen, wie Sie Ihre
eigenen eBay-Angebote perfektionieren können.

Etablierte eBay-Unternehmen haben den Vorteil,
dass sie bereits viel Zeit investiert und Erfahrungen gesammelt haben, aber auch sie haben einmal bei null angefangen und müssen täglich daran arbeiten, den Anforderungen des dynamischen eBay-Marktplatzes gerecht zu werden. Die Auswertungen in diesem Buch
zeigen, dass es auch bei den eBay-Umsatzmillionären
Optimierungspotenzial gibt und dass ehrgeizige Newcomer durchaus auch heute noch Chancen haben, bei
eBay durchzustarten.

Erschienen als Printbuch bei Amazon:
ISBN-10: 1502995182
www.amazon.de/eBay-Umsatzmillionäre-Zahlen-
Daten-Fakten-Marion-Kuczkowski/dp/1502995182

Erschienen als E-Book bei Amazon und auf anderen
Plattformen.

Die Power-Seller-Elite von eBay.com

Neben Zeit und Erfahrung gehören herausragende Markt- und Marktplatzkenntnisse zu den Grundpfeilern, die nötig sind, um ein erfolgreiches eBay-Unternehmen aufzubauen.

In „Die Powerseller-Elite von eBay.com" werden die Angebote von über Hundert eBay.com Titanium-Powersellern* analysiert und die Auswertungen liefern die Antworten auf die Fragen, die sich jeder Verkäufer, der bei eBay.com verkauft, stellen sollte, wie z. B.:

• An welchen Tagen werden bei eBay.com die meisten Artikel verkauft und an welchen Tagen werden bei eBay.com die höchsten Verkaufspreise erzielt?

• Welche Angebotslaufzeit hat sich in Bezug auf Verkaufspreis und Verkaufsquote bewährt?

• Wie hoch ist der durchschnittliche Verkaufspreis der bei eBay.com verkauften Artikel?

• Wie hoch ist der Anteil an Auktionen im Formatmix der Verkäufer?

• Welches sind die Bestseller der eBay-Verkäufer mit den höchsten Umsätzen bzw. der Verkäufer mit den höchsten Abverkaufszahlen?

Erfahren Sie in „Die Powerseller-Elite von eBay.com", wie die Erfolgszahlen der amerikanischen eBay-Elite-Verkäufer aussehen und holen Sie sich Anregungen, wie Sie Ihre eigenen eBay-Angebote perfektionieren können.

Ein erfolgreiches eBay-Unternehmen baut man nicht über Nacht auf.

Etablierte eBay-Unternehmen haben den Vorteil, dass sie bereits viel Zeit investiert und Erfahrungen gesammelt haben, aber auch sie haben einmal bei null angefangen und müssen täglich daran arbeiten, den Anforderungen des dynamischen eBay-Marktplatzes gerecht zu werden.

Die Auswertungen in diesem Buch zeigen, dass es auch bei den Top-eBay-Verkäufern Optimierungspotenzial gibt und dass ambitionierte Newcomer durchaus auch heute noch Chancen haben, bei eBay durchzustarten.

*Titanium-Powerseller müssen im Jahr mindestens $ 1.800.000 Umsatz generieren oder 180.000 Artikel pro Jahr verkaufen.

Erschienen als Printbuch bei Amazon:
ISBN-10: 1502714388
www.amazon.de/Die-PowerSeller-Elite-von-eBay-com-Zahlen-Daten-Fakten/dp/1502714388

Erschienen als E-Book bei Amazon und auf anderen Plattformen.

99 Geschäftsideen

Können Sie sich vorstellen, dass man mit Müll ein kleines Vermögen verdienen kann oder dass es Menschen gibt, denen es gelingt, Birnen für 6 Euro das Stück zu verkaufen? Haben Sie eine Idee, wie man Männer für Homeshopping-Partys begeistern kann? Kennen Sie einen Arbeitslosen, der es mit seiner Idee in nur zehn Jahren geschafft hat, ein Unternehmen aufzubauen, das 60 Millionen Euro im Jahr Umsatz macht? Kennen Sie einen Menschen, der seine wahre Berufung erst als Rentner gefunden und mit seiner unbedarften Herangehensweise an seine Idee die Profis ausgetrickst hat und sich nun im hohen Alter internationaler Berühmtheit erfreuen kann? Es sind Geschichten wie diese, die uns begeistern und motivieren und uns zeigen, dass man es schaffen kann, wenn man bereit ist, über den Tellerrand hinwegzuschauen.

Lassen Sie sich von 99 Geschäftsideen aus unterschiedlichen Bereichen inspirieren, von Menschen, die

Probleme erkannt und gelöst haben, von Menschen, die einer klassischen Idee das Sahnehäubchen aufgesetzt und damit die Konkurrenz abgehangen haben, und von Menschen, die den Mut hatten, sich den wedelnden Zeigefingern entgegenzustellen und etwas Neues zu wagen. Lernen Sie Unternehmer kennen, die sich die besten Zutaten aus verschiedenen Ideen herauspicken und daraus ihr eigenes Süppchen kochen. Treffen Sie Mitstreiter, die ihrem Leben mit wenig Kapital und viel Fleiß und Kreativität eine neue Richtung gegeben haben, und Menschen, die davon profitieren, dass sie anderen helfen oder ihnen eine Freude bereiten. Nehmen Sie Anregungen aus anderen Ländern mit und lassen Sie die teilweise recht originellen Geschäftsideen auf sich wirken. Tauchen Sie ein in die Welt einfallsreicher Unternehmer, staunen Sie, schmunzeln Sie, lassen Sie sich überraschen!

Erschienen als Printbuch bei Amazon:
ISBN-10: 149232053
www.amazon.de/99-Geschäftsideen-Marion-von-Kuczkowski/dp/1492320536

Erschienen als E-Book bei Amazon und auf anderen Plattformen.

Quellennachweise

[1] Aufruf von eBay-Gründer Pierre Omidyar vom 12.09.1995
https://groups.google.com/forum/?hl=en#!topic/misc.forsale.non-computer/DxxiU7FQp8Q

[2] Quelle: Nielsen/NetRatings

[3] Quelle: webretailer
http://www.webretailer.com/lean-commerce/top-amazon-marketplace-sellers/
http://www.webretailer.com/lean-commerce/worlds-top-ebay-sellers/#/

[4] http://www.onlinemarktplatz.de/35953/das-ebay-partner-network-denn-wir-wissen-nicht-was-sie-tun/

www.ingramcontent.com/pod-product-compliance
Lightning Source LLC
Chambersburg PA
CBHW051905170526
45168CB00001B/252

9 781517 567248